Christian Gottlob Hempel

Über die Thorheiten meiner Zeitgenossen

Versuch einer neuen Charakteristik der Menschen - 1. Band

Christian Gottlob Hempel

Über die Thorheiten meiner Zeitgenossen
Versuch einer neuen Charakteristik der Menschen - 1. Band

ISBN/EAN: 9783743487826

Hergestellt in Europa, USA, Kanada, Australien, Japan

Cover: Foto ©ninafisch / pixelio.de

Weitere Bücher finden Sie auf **www.hansebooks.com**

Ueber die
Thorheiten

meiner

Zeitgenoßen

oder

Versuch

einer neuen

Charakteristik

der Menschen, vornehmlich der Deutschen.

Hamburg, 1792.

bey F. Bachmann und J. H. Gundermann.

Erstes Kapitel.

Der Verfasser von sich und dem Zwecke dieser Schrift.

I.

Ich schreibe Charaktere. Andere schreiben Predigten, Gebetbücher, Vernunftlehren, Moralen, Wochenschriften, Wirthschaftsregeln, Kritiken, Romane u. s. w. Jeder nach seinen Fähigkeiten und Neigungen. Jeder in der guten Absicht, der Welt nützlich zu werden. Wenigstens behaupte ich dieß eben so von mir, wie jeder andere Schriftsteller von sich. Doch bin ich keinesweges so eitel, wie viele von jenen, die sich für bewundernswürdig halten und mit einem allgemeinen Beyfalle schmeicheln. Ich kenne meine Materie. Ich kenne mich. Ich will zufrieden seyn, wenn man mich nur erträglich findet.

Sollte allenfalls auch nur einer meiner Leser sich eines groben Fehlers, den ich in dieser Schrift getadelt habe, schämen und ihn ablegen,

A   so

so wäre der Welt meine Schrift schon nicht unnütz, und ein Theil meiner guten Absicht
erreicht.

2.

Wenig Personen, die denken können, haben
bey einerley Gegenständen einerley Einfälle.
Dieß ist eine bekannte Sache, wider welche sich,
wie mich dünkt, nicht viel einwenden läßt. Die
Menschen sind einmal so eingerichtet, daß sie
nicht nach einerley Form denken können und
sollen. Man wird es also nicht befremdend
finden, daß ich hier öfters nach meiner Art
zu denken gedacht habe.

3.

Ich bin ein ehrlicher Mann. Auf diesen
Ruhm kann ich trotzen. Wer mich für einen
Dieb hält, den erkenne ich für einen Ver-
läumder. Es ist kein gestohlner Gedanke unter den meinigen. Ist ja einer, welchen ein anderer Schriftsteller schon vor mir gedacht, oder
welcher mit einem von ihm einige Aehnlichkeit hat,
darunter anzutreffen, so habe ich ihn entweder
selbst schon angezeigt, oder sein Daseyn ist weiter nichts, als ein bloßes Ohngefähr. — Zwey
Wanderer können gar leicht auf einerley Wege
einerley Blumen pflücken.

4.

4.

Theophraſt und La-Bruyere ſind, ich leugne es nicht, meine Vorgänger geweſen. Ich bin ihr Nachfolger, aber nicht ihr Sklav. Wir begegnen uns bisweilen, doch keinesweges mit Vorſatz, weder von meiner, noch von ihrer Seite. Von meiner darum nicht, weil ich mir nicht gern in vornehmer Geſellſchaft Zwang ans thue. Von ihrer — weil ſie ſchon lange an dem Orte ſind, wo ich erſt hin will. So oft es indeſſen geſchieht, ſo habe ich allemal zu viel Ehrerbietung für ſie, als daß ich ihnen nicht ausweichen ſollte.

5.

Jede Nation hat ihre beſondern Thorheiten, ſo wie beynahe jedes Menſchengeſchlecht. Es kömmt alſo niemals ein Tadler zu ſpät. Meine Vorgänger ſpotteten über die Fehler ihrer Völker und Zeitalter. Ich hingegen beluſtige mich über die Schwachheiten meiner Nation und meines Jahrhunderts. — Theophraſt hatte es einſt mit griechiſchen, La-Bruyere mit franzöſiſchen, und ich, (ohne Ruhm zu melden,) habe es jetzt mit deutſchen Narren zu thun.

 6.

6.

Man wird mich selbst tadeln? — Immerhin! Dieß muß sich jeder Schriftsteller gefallen lassen. Nur bitte ich wohlmeynend, daß man seine Kritik so vernünftig und bescheiden, als möglich, einrichte. Außerdem — werde ich den thörichten Tadler mit eben der Freyheit, deren er sich selbst bedienet, Andere zu verspotten, in die lustige Reihe derer stellen, die in der Fortsetzung dieser Schrift das nächste Recht haben, lächerlich gemacht zu werden.

7.

Ich schreibe kein System. Man erwarte also in diesem Werke nicht die steife Ordnung, die in einem philosophischen oder theologischen Lehrbuche herrscht. Ich habe meine Gedanken oft so einzeln und zerstreut aufgesetzt, wie sie mir eingefallen sind. Unterdessen will ich mich doch bemühen, sie, so viel möglich, unter gewisse Rubriken zu bringen.

Zwey=

Zweytes Kapitel,

in welchem einige gute Gedanken von Gott voraus
geschickt werden.

8.

Der Gedanke an Gottes Wesen und Eigenschaften wird, wenn er recht tief gedacht wird,
ein Meer von Betrachtungen, worinne man ver-
sinkt — ein Labyrinth von Ideen, worinne man
sich verlieret. Das Nichtseyn der Welt
läßt sich ohne Schwierigkeit denken — Beweis
genug, daß sie weder nothwendig, noch ewig
ist — Aber wer ist im Stande, sich das Nichtseyn Gottes vorzustellen? — Versucht es,
Weise! und macht ihn mit samt der Welt zu
einem Undinge. Nehmet ihn im Geiste hinweg,
den Urheber aller endlichen Wesen. Was wird
euch übrig bleiben? — Ein Nichts, ein finstres
und undenkbares Nichts, wofür euch grausen,
wobey euch schwindeln wird. — Versucht es
ferner, ihn anders denken zu wollen, als er
wirklich gedacht werden muß, und ihr werdet
auf Irrthümer und Widersprüche gerathen, vor
denen jeder gesunde Menschenverstand erschrickt,
jede von Gott erleuchtete Vernunft schaudert
und zurückbebt. —

9.

Man sage nicht, daß nur der Moralist den Gottesverächter so abscheulich schildere. Nein! er charakterisirt sich selber so, er mag reden oder handeln.

10.

Mitten in den heitersten Vergnügungen, worinne der Freund der Eitelkeit jauchzet, fähret der Gedanke: Es ist ein Gott! ihm bisweilen so schnell, wie ein Blitz, durch die Seele, und zerschmettert ihm alle seine Freuden.

Mitten in den finstersten Unruhen, worinne der leidende Tugendfreund seufzet, fähret der Gedanke: Es ist ein Gott! ihm nicht selten, wie ein Lichtstrahl, durch die Seele, und zerstreuet ihm allen seinen Kummer.

11.

Es giebt Leute, so gar unter denen, die sich Weise nennen, welche aus der unendlichen Größe und Hoheit Gottes den Schluß machen wollten, daß er jeden einzelnen Menschen, Acht auf ihn zu haben und Sorge für ihn zu tragen, nicht würdigen könne. Allein ich dächte, es ließe sich vielmehr das Gegentheil daraus abnehmen. Eben darum, weil Gott so unendlich groß und mächtig ist, entgehet seinem Aufsehen und seiner Vorsorge keines seiner Geschöpfe, so

klein

klein und unbedeutend es auch scheinen mag.
Die Regierung des Ganzen, womit sich ein irdischer Monarch begnügen muß, ist im Grunde
mehr ein Merkmal seiner Einschränkung und seines Unvermögens, als ein Kennzeichen seiner
Größe und seiner Vollkommenheit, wozu es sein
Stolz und die Schmeichelen seiner Höflinge so
gern zu machen suchen. Gott hingegen, dem
allmächtigen Beherrscher der Welt, ist, in Ansehung seiner liebreichen Vorsorge für alle seine
Geschöpfe, weder das kleineste zu klein, noch das
größeste zu groß.

12.

Gott und der Mensch; welch ein Abstand
zwischen diesen beyden! — Jener der Allerheiligste, dieser der Allerverderbteste. — Man
glaube nicht, daß ich mir und meinen Brüdern
hiermit zu viel thue. Wir wollen aufrichtig
seyn, und uns Gerechtigkeit wiederfahren lassen. Auch der beste unter uns ist, wenn man
ihn mit Gott vergleicht, im Grunde ein Tauge-
nichts. Gleichwohl sollen sich, nach der Schrift,
diese beyden so ungleichen Wesen mit einander
vereinigen. Der Mensch soll eben die Gesin-
nung annehmen, welche der Gottheit eigen ist,
und dadurch zu dem hohen Mitgenusse der
Glückseligkeit gelangen, deren sich sonst Nie-

mand,

mand, als sie, zu erfreuen hat, und nach welcher derselbe außerdem vergeblich streben würde.
Aber wie ist das möglich? fragt die Vernunft.
Wer ist im Stande, eine so ungeheure Meta-
morphose, ein so erstaunliches Wunder der Be-
kehrung in dem Menschen zu wirken? — Wer
sonst, antwortet die Schrift, als der Geist dessen, der alles vermag, als Gott, dessen Kraft
in den Schwachen mächtig ist? —

13.

Man kann nicht lange mit Andacht an Gott
denken, ohne (so tief ist der Hang zum Bösen
in uns eingewurzelt!) durch tausenderley Gegenstände von außen daran verhindert, oder
davon abgezogen zu werden. Wie kränkt dieß
oft den Frommen, und wird bey ihm zu einem
kräftigen Antriebe, demüthig zu seyn, und sich
des wirklichen Guten, das er durch die Gnade
Gottes im Geistlichen besitzt, nicht zu über-
heben! —

Drittes

Drittes Kapitel,

worinne von den Menschen überhaupt etwas
gesagt wird.

14.

Seitdem die Menschen nicht mehr das sind,
was sie ehemals waren, da sie zuerst aus den
Händen des Schöpfers giengen, sind sie mit
unzähligen Schwachheiten und Gebrechen be=
haftet, und mit tausenderley Thorheiten und
Lastern beladen. Ihr Charakter ist ungleich und
widersprechend. Ihre Begierden sind ausschwei=
fend und heftig. Ihr Herz ist, wie eine Tiefe,
die Niemand ergründen kann, und wie ein Rohr,
das jeder Hauch bewegt. Ihre Seele, dieses
so vortrefliche Wesen, in Ansehung dessen sie den
Engeln gleichen, schwimmt, so zu sagen, auf
einem Strome thierischer Leidenschaften, und
läßt sich von der Gewalt desselben bald da, bald
dorthin reißen. Mit einem Worte, nichts ist
nach seinem Falle sich selbst ungleicher geworden,
als der Mensch. Er ist eben so räthselhaft, als
er verderbt ist. Er will etwas, ohne es zu
thun, und thut etwas, ohne es zu wollen. Er
wünschet bald dieses, bald jenes, ist am Mor=
gen dieser, am Abend einer andern Meynung,

und haſſet in der darauf folgenden Stunde das,
was er in der vorhergehenden geliebet hat.
Sein Herz verwirft, was ſein Verſtand billiget,
oder heiſſet das gut, was jener tadelt. Es iſt,
als wenn zwey Geiſter von verſchiedener Natur in ihm wohnten, die unaufhörlich mit einander kämpften und ſtritten. Noch am ver-
nünftigſten und glücklichſten ſcheinet er alsdann
zu ſeyn, wenn ſeine Leidenſchaften ruhen, und
ſeine Begierden ſchweigen. Sobald aber dieſe
in Aufruhr gerathen, ſo höret er auf, den Namen eines Menſchen zu verdienen, Vernunft
und Zufriedenheit verlaſſen ihn, und er wird
geringer und unglücklicher, als ein Thier.

15.

Die Menſchen, moraliſch betrachtet, ſind
weiter nichts, als ein großer Haufe Böſe-
wichter aller Art, worunter die, welche nicht
ſo ſchlimm ſind, als die übrigen, für Fromme
gelten.

16.

Man hat von jeher unter den Weiſen dieſe
zwo Fragen aufgeworfen: „Wie iſt das moraliſche Böſe zu den Menſchen gekommen? —
Und wie kann es bey denſelben, wo nicht aus-
gerottet, doch wenigſtens vermindert werden? —
Dieſe Fragen hat kein Philoſoph des Heiden-
thums

thums jemals hinlänglich zu erörtern gewußt.
Nur in den heiligen Büchern der Christen findet sich hierauf eine Antwort, die, ohne gelehrt
und spitzfindig zu seyn, allen Einwürfen der
Zweifler die vollkommenste Genüge thut.

17.

Wenn man die Menschen fast in allen Stücken
so gar thöricht und lasterhaft handeln sieht, so
muß man entweder zweifeln, ob sie den Verstand und die Tugend wirklich für etwas mehr,
als für bloße Hirngespinste halten, oder man
muß die Gewißheit ihres Falles erkennen und
über die Größe desselben erstaunen.

18.

Alles, was die Menschen, als Menschen,
thun, geschieht eigentlich nur ihrer selbst wegen.
Die Liebe gegen Andere ist bey denen, die keine
Christen sind, nur ein bloßer Vorwand.

19.

Daß die Menschen die Weisheit noch für
Weisheit, und die Tugend noch für Tugend erkennen, ist ein sichres Merkmal ihrer ehemaligen Aehnlichkeit mit Gott; daß sie aber ihr Leben so wenig nach dieser Erkenntniß einzurichten suchen, ist ein deutlicher Beweis, daß sie
jene Aehnlichkeit, zwar nicht ganz, aber doch
größtentheils verloren haben.

20.

20.

Die Klagen über die Mühe, welche die Tugend verursacht, wenn man es darinne zu einer Fertigkeit bringen will, sind gemeiniglich ungerecht. Hat das Laster mit seinen unmäßigen Begierden nicht ebenfalls viel beschwerliches? Wenn mancher Mensch den nehmlichen Fleiß, den er aufs Böse wendet, aufs Gute richten wollte, ich bin versichert, er würde so gewiß tugendhaft seyn, als er itzt lasterhaft ist.

21.

Wenn die Menschen mit einemmale das würden, was sie eigentlich seyn sollten, so würde außer ihnen keine geringere Veränderung vorgehen, als in ihnen. Denn alle die Dinge, welche das Verderben, worinne sie sich befinden, von jeher erzeugt und nothwendig gemacht hat, würden dann mit demselben zugleich hinwegfallen. Dahin gehören die itzt zum Theil so unentbehrlichen und angesehenen Stände der Soldaten und Priester, Advokaten und Aerzte, Bürgermeister und Rathsherrn, Scharfrichter und Büttel, nebst einer unzähligen Menge Handwerker und Künstler, die dann weiter gar nicht nöthig seyn würden.

22.

22.

Die meisten Menschen, die das Leben und dessen Genuß für ihr höchstes Gut achten, gehen in der That auf eine Art damit um, als wenn sie nichts unangenehmers und verächtlichers wüßten.

23.

Es giebt wenig Menschen, die sich einen vernünftigen Plan zu ihren Handlungen machen; noch viel weniger aber giebt es deren, die, wenn sie sich einen gemacht haben, ihn befolgen.

24.

Der Fürst sieht auf den Edelmann, der Edelmann auf den Gelehrten, der Gelehrte auf den Künstler, der Künstler auf den Handwerksmann, der Handwerksmann auf den Bauer mit einer Art von Verachtung herab, die sie oft vor sich selbst verbergen. Alle vergessen hierbey, daß sie Menschen einerley Ursprungs und einerley Wesens sind, deren ganzer äußerlicher Unterschied im Tode aufgehoben wird.

25.

Nach den weitläuftigen Entwürfen und Anstalten zu urtheilen, welche die Menschen, in Betreff ihres gegenwärtigen Lebens machen, sollte man beynahe auf die Gedanken kommen, als

wenn

wenn sie kein künftiges erwarteten, sondern das gegenwärtige für ewig hielten.

26.

Alle Menschen sind, wenn man die Wahrheit sagen soll, Thoren. Die, welche es in keinem so hohen Grade sind, als andere, werden Weise genennet.

27.

Um sich das Leben angenehmer zu machen, erfanden die Menschen allerley Bedürfniße und Künste, die nach und nach so häufig und unentbehrlich geworden sind, daß sie itzt nicht wenig beytragen, ihnen das Leben noch mühseliger zu machen.

28.

In der alten Welt war es weit leichter, glücklich zu seyn, als es in der neuern ist. Denn da brauchte der Mensch wenig Mittel, und erreichte diesen Zweck mehrentheils. Itzt wendet derselbe unzählige an und verfehlt ihn fast immer.

29.

Die Natur ist mit wenigem zufrieden. Ein wahres Sprüchwort, wornach sich aber wenige richten. Die meisten verlangen mehr, als die Natur, und leben mit vielem unzufrieden.

30.

30.

Was für ein Gewühl von Menschen ist nicht in der Stadt an einem Meß- oder großen Markt-tage! Was suchen denn die Leute so ämsig? — Den Nutzen Anderer? — Nichts weniger! — den ihrigen.

31.

Die Menschen machen sich immer gern Steckenpferde, worauf sie sich, wie die Kinder, herumzutummeln pflegen. Man lasse sie dabey! Es ist besser, als wenn sie die Gicht hätten, oder an Krücken gingen.

Sylvius findet sein Vergnügen an Va-rianten-Sammeln. Phänest belustiget sich mit der Untersuchung alter Münzen. Kriton ist ein Liebhaber von Naturalien und hascht Schmet-terlinge. Ruffin sucht Kupferstiche auf, jedoch nur lauter Chodowiecki's, die er, sie seyn gut oder schlecht, theuer bezahlt. Alles dies sind Schwachheiten, ich gebe es zu, aber unschuldige Schwachheiten, die zum Zeitvertreibe dienen, und in Vergleichung mit größern moralischen Uebeln, sich leicht übersehen lassen.

32.

Wer Gott weniger liebt, als den Menschen, der ist gottlos; wer den Menschen weniger ach-
tet,

ret, als sich selbst, der ist stolz; wer sich selbst
geringer schätzt, als die Materie, der ist geizig.

33.

Nichts giebt von dem greulichen Verfalle
des menschlichen Verstandes und Herzens einen
stärkern Beweis ab, als der **Krieg,** wo oft
aus bloßer Ehrsucht oder gierigem Ländergeize
Menschen ihres gleichen, wie Schaafe, zur
Schlachtbank führen, oder wie Tiger gegen
einander aufhetzen. — Ein Pyrrhus z. B. hat
50 Städte, die seine ganze Sorge und Auf-
merksamkeit erfodern, wenn er sie pflichtmäßig
regieren, d. i. Recht und Gerechtigkeit darinne
handhaben, und Künste und Gewerbe darinne
in Flor bringen will. Allein der ungestörte Be-
sitz derselben kann ihn keinesweges zufrieden
stellen. Seiner unmäßigen Herrschsucht, die er
für ein löbliches Selbstgefühl hält, zur Regierung eines noch weitläuftigern Staats geboren
zu seyn, dünkt sein Reich viel zu geringe, als
daß er auf immer sein Vergnügen darinne finden sollte. Er sinnet daher mit seinen vertrau-
ten Räthen Tag und Nacht auf Mittel, seine
Grenzen zu erweitern und seine Staaten zu ver-
größern. Man sagt ihm, daß einige Städte
und Flecken seines Nachbarn ehemals seinen
(des Pyrrhus) Vorfahren gehört hätten; (die

aber

aber dafür vielleicht andere nicht hatten, die Pyrrhus itzt inne hat.) Man legt ihm die geographische Karte seiner Länder vor, und zeigte ihm, daß es denselben an der gehörigen Rundung fehle, weil das Gebiete seines Nachbarn auf der einen Seite etliche Meilen tief in das seinige hineinreiche. Sogleich nimmt er hiervon Anlaß, gewisse Ansprüche zu formiren, und seinem friedfertigen Nachbar, nach einigen mit der Feder gepflogenen Unterhandlungen, den Krieg anzukündigen. Seine zahlreichen Truppen müßen sich rüsten, müssen aufbrechen, müssen nach dem Kampfplatze eilen, der sie erwartet. — Ruhe und Bequemlichkeit, stilles Gewerbe, Flor der Künste, Güter und Leben der Unterthanen werden hierbey in gar keine Betrachtung gezogen. — Man redet den angeworbenen Streitern von nichts, als Treue, Patriotismus, Ehre, Lorbern, Nachruhm und Unsterblichkeit vor, um ihren Eifer zu erhitzen, und sie gegen ihre Mitmenschen, die ihnen nichts zu leide gethan, recht blutgierig zu machen. — Sie stürzen sich also wütend in den Kampf, schlagen und werden geschlagen. Ströme des vergoßnen Menschenbluts fließen von allen Seiten wie Wasser. Die jammernden Stimmen der Beraubten, Gemißhandelten, Verwundeten und

B   Ster-

Sterbenden tönen durch die Luft und steigen zum Himmel. Mögen sie doch! Genug, Pyrrhus bemächtiget sich der streitigen Städte und Flecken, rundet damit seine Provinzen zu, überläßt seinen ruinirten Unterthanen die Sorge, sich wieder zu erholen, und stellet noch überdies öffentliche Freudensbezeugungen und Dankgebete an, „daß der Herr der Heerschaaren für die Gerechtigkeit seiner Waffen sich so sichtbar erkläret und ihm, indem er dieselben huldreich gesegnet, so viel glänzende Siege verliehen habe.“ — Aber wie mag wohl dem Gotte des Friedens dieses lärmende te Deum gefallen, da dieser ganze, von Seiten Pyrrhus so glücklich geendigte Krieg nichts weniger, als zu seiner Ehre geführt worden ist, und alle dabey gemachte Eroberungen nicht im Stande sind, auch nur das Leben eines einzigen dabey umgekommenen Menschen aufzuwägen oder zu ersetzen? — —

34.

Es ist wahr, die 4 Monarchien der Welt und verschiedene andere große Reiche würden nicht entstanden seyn, wenn niemals Krieg in der Welt gewesen wäre; aber sind wohl die Menschen dadurch, daß sie entstanden sind, weiser, tugendhafter und glücklicher geworden? — Nimrod und Cyrus und Alexander und Cäsar

unter

unterdrückten durch ihre Herrschsucht andere
Regenten, die zum Theil besser waren als sie,
und ihre Unterthanen in Friede regierten; sie
verschlangen sie gleichsam, um sich mit dem
stolzen Titel: Großkönig, Monarch, Kaiser
und Selbstherrscher brüsten zu können, und eine
Menge sklavischer Völker und gekrönter Vasal-
len zu ihren Füßen zu sehen. — Ey! welch ein
würdiger Preis für das Blut so vieler getödte-
ten und die verlorne Ruhe so vieler unglücklich
gewordenen Millionen! —

35.

Keine Wissenschaft in der Welt bleibt, bey
allem Fleiße, den man darauf verwendet, un-
vollkommner, als die M e n s c h e n k e n n t n i ß. —
Je länger man lebt und dieselbe studiert, je
mehr neue und besondere Charaktere lernt man
kennen.

36.

Ungeachtet den Menschen nichts lieber ist,
als das Leben, so getraue ich mir doch wenig
Greise zu finden, welche sich ihre verflossnen
Jahre im Ernste noch einmal zurückwünschen
sollten.

37.

37.

So selten der Fall ist, zwo ganz gleiche Gesichter anzutreffen, so selten ist auch der, zwo ganz gleiche Gemüthsarten zu entdecken.

38.

Kein Fehler ist so allgemein und so tief eingewurzelt, als der Egoismus.

Fast bey allem, was jemand von sich selbst sagt, ist etwas Eigenlob, es sey so wenig als es wolle. Nun aber ist nichts unanständiger, als sich selbst zu loben. Daher vermeide man, so viel möglich, alle Gelegenheiten, von sich zu reden, es sey im Guten oder im Bösen.

Wie manchmal wird nicht sogar der Kluge, der dieser Regel nachzukommen sucht, ohne daß er es selbst merkt, ein prahlerischer Egoist!

39.

Nichts ist verdrußlicher, als wenn man in Gesellschaften alle Augenblicke hören muß: „So bin Ich gesinnt! — So ist Meine Gewohnheit! — O es weis die Sache niemand besser, als Ich! — Soll ich Ihnen sagen, wie Ich hierinne denke? — Ich, für meine Person, kann so etwas gar nicht ausstehen. — In diesem Stücke bin Ich ein ganz anderer Mann — habe Ich meinen Kopf für mich — werde

Ich

Ich keinem Menschen, er sey, wer er wolle, etwas nachgeben." — —

40.

Die meisten Menschen, die etwas Böses von sich sagen, thun es entweder in der Absicht, die Meynung Anderer in Ansehung ihrer, dadurch auszuforschen, oder um das Vergnügen zu haben, sich widerlegen zu hören, oder um dem, was sie von Andern Böses zu sagen Willens sind, dadurch Glauben zu verschaffen.

41.

Die Menschen kaufen und verkaufen, freyen und lassen sich freyen. Dies ist der Welt Lauf. Hierbey geht es nun freylich selten ohne Betrug ab, es sey um viel oder um wenig. Bald wird der Käufer, bald der Verkäufer, bald der Freyer, bald die Gefreyte, bald einer wie der andere betrogen.

42.

O wie habe ich bisher meine Zeit und mein Geld verschwendet! — So hört man viele Menschen seufzen, die im Herzen nichts weniger als entschlossen sind, beydes in Zukunft besser anzuwenden.

43.

Oft machen wir die Fehler, die wir in der

Jugend

Jugend an Andern verspotten, zu unsern Lieb-
lingsthorheiten im Alter.

44.

Was für Vorbereitungen machen nicht die
Menschen zu ihrem künftigen Glücke! — Gleich=
wohl wissen die wenigsten was zu ihrem Glücke
gehöre. — Die meisten sterben mitten in ihren
mühsamen Vorbereitungen.

45.

Es ist kein Mensch so vollkommen, so geehrt
und geliebt, der, wenn er stirbt, nicht von ir=
gend einer Seite seinen Freunden und Verehrern
einen Bewegungsgrund verschaffen sollte, sich
über seinen Verlust zu beruhigen. —

46.

Um der Thränen unsrer hinterlaßnen Freun=
de willen, verlohnt sichs warlich nicht der Mühe
zu sterben. — Wie mancher gute Vater, Lehrer,
Ehemann und Freund geht unvermuthet ins
Reich der Todten über! Man will mit ihm ins
Grab springen. Man will über seinen Verlust
verzweifeln. — In wenig Wochen ist er ver=
gessen.

Viertes

Viertes Kapitel.

Von dem Verstande und dem Witze.

47.

Es giebt in den Werken des Witzes einen gewissen Grad von Schönheit und Vollkommenheit. Wer denselben erreicht, der ist ein guter Schriftsteller; wer ihn empfindet, der hat Geschmack.

48.

Man braucht der Welt nicht immer etwas Neues zu sagen. Man sage ihr nur nichts gemeines. Indessen bekömmt auch manchmal ein gemeiner Gedanke unter der Feder eines geschickten Schriftstellers ein neues Ansehen.

49.

Wenn Ihr Buch gut seyn soll, Fabius! so befleißigen Sie sich, so viel möglich, der Gründlichkeit, Deutlichkeit, Ordnung und Präcision. — Ohne diese vier Stücke ist es nicht möglich, gut zu schreiben und einen dauerhaften Beyfall zu finden.

50.

Man bekümmere sich zuförderst um deutliche Begriffe; dann wird der Ausdruck von sich selbst folgen.

B 4

51.

Ein verworrener Vortrag kann die herrlich-
ften Wahrheiten verunstalten und dem Leser
eckelhaft machen.

52.

Man durchdenke ja alles recht genau, ehe
man sich entschließt, es niederzuschreiben. —
Man übersieht dem Verfasser eher einen falschen
Ausdruck, als einen falschen Gedanken.

53.

Orgon ist mit seinem Buche fertig. Es
ist leicht und verständlich geschrieben; aber eben
deswegen gefällt es ihm nicht! Er ist daher entschlossen, es noch einmal vor die Hand zu nehmen, um es schwer und unverständlich zu
machen.

54.

Woher kömmt es wohl, daß oft der Unge-
lehrte eine Wahrheit leichter einsieht, als der
Gelehrte? — Er ist bescheidner und hat weniger Vorurtheile.

55.

Ein Schriftsteller, dessen Buch in der Welt
Aufsehen macht, erfähret mancherley Urtheile,
gute und schlechte. Die schlimmsten darunter
sind ohnstreitig die, welche die Herren Kunstrichter von Profession fällen, nicht sowohl wegen

gen ihrer Strenge, als vielmehr wegen ihrer
Partheylichkeit.

56.

Wenn der Kluge bey einem Buche nicht
gähnt, und kaum zu merken scheint, daß er schon
so viele Seiten darinne gelesen hat, so kann er
gewiß glauben, daß das Buch gut ist, was auch
die Kunstrichter davon sagen mögen.

57.

Herr von Hitzig beurtheilt die Bücher,
wie den Wein. Wenn ihm der Spiritus hiervon nicht so gleich in die Nase fährt, so hält er
ihn für schaal.

58.

Es ist keine Schrift so gut, die nicht ihre
Fehler hätte. Diejenige heißt man vortreflich,
welche die wenigsten hat.

59.

Wie manchmal streicht der Schriftsteller einen
Gedanken hinweg, den er hätte stehen lassen sollen, oder setzet einen hinzu, den er hätte hin-
weglassen sollen! —

60.

So wenig ein Gesicht um deswillen, weil es
keine häßlichen Flecken hat, liebenswürdig ist,
eben so wenig ist eine Schrift darum angenehm,
weil keine groben Fehler dieselbe verunstal-

B 5   ten.

ten. — Um schön zu seyn, müssen beyde die
feinste Bildung und die regelmäßigsten Züge besitzen, die nur irgend geschickt sind, das A u g e
zu reizen, und die S e e l e mit süßem Wohlge-
fallen zu erfüllen.

61.

Man sieht oft zehnmal über einen unrichti-
gen Gedanken oder falschen Ausdruck hinweg,
ohne ihn zu bemerken. Endlich entdeckt man
ihn unvermuthet und erstaunet, daß man ihn
nicht sogleich das erstemal wahrgenommen hat.

62.

Der Banquier und der Kaufmann sind Kenner ihrer Waaren. Sie wollen es auch von gelehrten Sachen seyn. Ich wundere mich darüber gar nicht. Der Reichthum hat viel Gewalt über die Menschen, und verdreht ihnen
bisweilen die Köpfe.

63.

Die Mode, griechische, lateinische und französische Wörter in seinen Stiel mit einzuflechten,
ist noch nicht so ganz vorbey, als man geglaubt
hat, oder sie kömmt vielmehr ein wenig verän-
dert wieder zurück. — Will man von neuem
mit fremden Sprachen groß thun und sich schämen, die deutsche rein zu schreiben?

64.

64.

Verlaſſen Sie ſich nicht auf die Kabale der Rezenſenten, die Sie auf Ihrer Seite haben. Wenn Ihre Schrift einmal nichts taugt, ſo helfen Ihnen alle erkaufte Lobeserhebungen nichts, hätten Sie ſich auch dieſelben hundert Thaler koſten laſſen. Man kauft allenfalls Ihr Werk, blättert es durch, und legt es mit Verdruß bey Seite.

65.

Der berühmte Profeſſor Onuphrius hat, wie ſeine Zuhörer verſichern, einige wichtige Manuſcripte druckfertig liegen. Er trägt aber noch zur Zeit Bedenken, ſie der Preſſe zu übergeben. O möchte er doch, um noch lange berühmt zu ſeyn, noch lange Bedenken tragen! —

66.

Stehen Sie auf, Herr Autor! Schämen Sie ſich! Was knien Sie da in Ihrer Vorrede vor dem Richterſtuhle des Publikums? — Iſt Ihr Buch einmal ſchlecht gerathen, ſo hilft Ihnen bey dieſem ſtrengen Richter alles Bitten um Schonung nichts. Es verſchlimmert vielmehr nur Ihre Sache; denn Sie machen ſich dadurch bey ihm zum voraus verdächtig, und noch überdieß, wenn ich die Wahrheit ſagen ſoll, lächerlich.

67.

67.

Also ist das Buch schlecht? — Erbärmlich! sage ich Ihnen. — Haben Sie es selbst gelesen? — Nein! Abrast hat mich dessen versichert. — Hat es Abrast gelesen? — Auch nicht! er hat es von Ktesiphon gehört. — Und Ktesiphon? — Weis es durch Narcissen, der sichs, unter währendem Frisiren, von seinem Bedienten hat vorlesen lassen. — In Wahrheit! ein sehr zuverläßiges Urtheil. Doch von dieser Art sind ja die meisten in der Welt, sie betreffen Personen oder Schriften.

68.

Nie sind in Deutschland so viele Bücher gedruckt worden, als itzt. Man lese nur das jedesmalige Meß-Verzeichniß, und man wird erstaunen. Doch schließe man hieraus nicht etwa auf den guten Zustand unserer Litteratur, sondern vielmehr auf die Schreibseligkeit unsrer Verfasser. Die meisten dieser Werke dauren kaum ein Jahr. Im zweyten fragt schon Niemand mehr darnach. Im dritten werden sie zwar noch verkauft, aber als Makulatur.

69.

Der Verfasser einer allgemeinen Satire ist gar nicht tadelnswürdig. Derjenige aber ist straf-

ſtrafbar, der davon, wider die Abſicht des Verfaſſers, eine beſondere Anwendung macht.

70.

Es iſt ein Stück der guten Sittenlehre, die
Menſchen überhaupt nach der Natur zu ſchil-
dern. Es iſt eine unerlaubte Satire, einzelne
Perſonen nach dem Leben zu zeichnen. Es iſt
eine kluge Miſchung von Satire und Moral,
von dem einen Originale dieſen, von dem andern jenen Zug zu nehmen, und daraus, zur
Belehrung der Welt, ein neues Ganze zu
bilden.

71.

Die Regeln ſind mehr für die mittelmäßigen
Genies, als für die großen. Dieſe dürfen ſich
weder zu viel, noch zu wenig daran binden.
Im erſtern Falle ſetzen ſie ſich in Gefahr, ins
Steife und Aengſtliche zu gerathen; im letztern
aber, mit ihrer lebhaften Einbildungskraft bald
da, bald dorthin zu ſchweifen. Jene hingegen
müſſen ſich genau an die Vorſchriften halten,
die ihnen die Kunſt giebt, weil ſie, wenn ſie
davon abweichen, in ihrem Genie nichts finden,
wodurch ſie den Leſer oder den Kunſtrichter für
den Mangel derſelben ſchadlos halten könnten.

72.

Fürchten Sie nichts, Herr Autor! Schreiben Sie! Ihr Buch mag gut oder schlecht seyn. Es wird auf keinen Fall an Leuten fehlen, die Geschmack daran finden. Den Klugen werden die guten, den Narren die schlechten Stellen gefallen.

73.

Mancher Gedanke scheinet von fern natürlich und schön zu seyn, der, wenn man ihn in der Nähe betrachtet, erkünstelt und schlecht ist.

74.

Hören Sie, schreyt Philint, indem er unter dem Lesen plötzlich auffährt, wie erhaben diese Gedanken sind: „Kein Riese macht solche „Schritte über Berge und Thäler, als wir Itzt- „lebenden in den Künsten und Wissenschaften. „Wir glauben aber keine Wunder mehr. Ge- „schähen welche, und wären ihrer je geschehen, „so bin ich versichert, es würde sich eines bey „dem Tode des großen Friedrichs zugetra- „gen haben." — Sie bewundern also diese Ge- danken, Philint? Ich begreife dieses kaum. Se- hen Sie denn nicht, daß der erste, bey einer al- bernen Vergleichung, gar keinen Beweis, und der letzte, bey der übertriebensten Schmeicheley, einen nur scheinbaren hat? —

75.

75.

Uebereilen Sie sich nicht in Ihrem Urtheile, Herr Klitander! Vielleicht ist Ihnen der Stoff, wovon der Verfasser handelt, nicht bekannt genug. Vielleicht fehlt es Ihnen auch an Fähigkeit und Geduld, darüber nachzudenken. Die Begriffe, von welchen hier die Rede ist sind schwer und verworren. Lösen Sie dieselben auf, wenn Sie können. Alsdann mögen Sie es versuchen, ihren Werth zu bestimmen. Es ist ohne ihr Beyspiel wahr, (dieses bestätiget es nur,) daß es leichter ist, zu entscheiden, als zu untersuchen, leichter zu tadeln, als zu beweisen.

76.

Man hält es gemeiniglich für etwas leichtes, ein Schauspiel zu schreiben. Fast jeder junge Schriftsteller macht damit den Anfang. Die Schauspieler selbst vermengen sich damit. Aus zehen Stücken, die sie auswendig wissen, machen sie eins. Allein daß unter allen diesen Dramaturgen kein einziger Leßing ist, daß wir nur ihn allein haben, den wir andern Nationen entgegen stellen können, ist ein klarer Beweis, wie schwer es sey, in diesem Fache etwas vortrefliches zu liefern.

77.

Itzt ist die Roman-Periode der Deutschen. Alles will bey uns Romane lesen. Alles will Romane schreiben. Alles giebt selber Stoff zu Romanen.

Aber was ist ein Roman? — Nichts anders, als eine wahrscheinliche Lügen, die mit der Liebe, weil doch dieselbe einmal unsre Hauptleidenschaft ist, nothwendig verbunden seyn muß. — Oft ist nur der Grund davon erdichtet, und die Umstände sind wahr: oder der Grund davon ist wahr, und die Umstände sind erdichtet. — Meistentheils aber ist alles Lügen.

Unterdessen ist ein guter Romanschreiber, der sich in den Schranken des Wahrscheinlichen zu erhalten weis, und sein Hauptabsehen auf die Verbesserung der Sitten richtet, ganz und gar nicht zu verachten. Vielmehr ist er im Stande, mit jedem Prediger, der weiter nichts kann, als moralisiren, um den Vorzug zu streiten.

Richardson, der Britte, war ein solcher. Wie wohl verstund er die Kunst, auf die gefälligste Art lehrreich zu seyn! Hätte er auch die verstanden, sein allzufruchtbares Genie in etwas zu mäßigen und mit wenigem viel zu sagen, so wäre er ohne Zweifel vollkommen gewesen.

Wir

Wir haben keinen Richardson unter den Deutschen. Wir haben höchstens nur Marivaux und Le-Sages.

Unsere neuesten Roman-Dichter bekümmern sich weder um Moral, noch um Geschmack. Ihre größte Sorge ist die, wie sie die leeren Seiten ihres Buchs mit eben so leeren Worten ausfüllen mögen.

Die meisten fallen ins Possenhafte und Kindische, flechten ihre eigenen ehemaligen Studentenstreiche mit ein, vergiften, (was das schlimmste ist,) die Herzen der Jugend durch schädliche Grundsätze, und lieben übrigens das Unnatürliche in ihren Erdichtungen eben so sehr, als in ihren Ausdrücken.

78.

Chrysogon scheinet zu fühlen, daß sein Roman an sich selbst wenig Reiz für die Leser haben dürfte. Er sucht ihm daher durch ein Mittel zu helfen, das schon mehrern glücklich geholfen hat. — Und was ist dies für eines? — Ein paar Kupferstiche von Chodowiecki'n.

79.

Der Herr von Florimond wagt sich auch in diese Sphäre. Er ist vor kurzem von Schöppenstädt nach Schilde gereist, auf welcher Reise ihm allerhand seltsame Abentheuer, besonders

C   einige

einige sehr drollichte Liebeshändel aufgestoßen
sind. Diese hat er mit allem Fleiße zu Papiere
gebracht, und ist nun Willens, sie zum Nutzen und
Vergnügen des Publikums in den Druck zu geben.

80.

Man bedienet sich itzt gern in den Romanen
geistlicher Personen zu Spielung gewisser Haupt-
rollen. Bald führt man Orthodoxen darinne
auf, welche die Leser sowohl durch ihre Lieblo-
sigkeiten ärgern, als durch ihre Thorheiten belustigen müssen. Bald läßt man einige von ihren
Gegnern, den Neologen, darinne auftreten, die
mit dem sanftesten Charakter begabt sind, und
bey allen Gelegenheiten den Auftrag haben, entweder wohlthätige Handlungen zu verrichten,
oder erbauliche Sittensprüche zu reden.

81.

Je närrischer itzt der Titel eines Romans
klingt, um desto lieber hat man ihn. Hier sind
einige zur Probe: „Fahrt zu, Kutscher! oder
Begebenheiten des Ritters von Vagabond.“ —
„Hilf, heilige Genoveve! oder brünstige Seufzer
einer Pariser Nonne bey jetzigen bedenklichen
Zeitläuften.“ — „Die Mäusefalle, oder Liebes-
geschichte eines Mönchs aus Nova Zembla.“ —
„Klipper Klapper, oder der lustige Müller von
Venedig.“ — „Heute gehts noch! oder Tage-
buch

buch) Michel Sorgenfreys, von ihm selbst geschrieben und zum Druck befördert. —" — Sollten diese Titel einem oder dem andern Buchhändler gefallen, und derselbe dadurch Lust bekommen, geistreiche Romane darnach ausarbei-
ten zu lassen, so wird es mir ein Vergnügen
machen, ihm die Mühe, selbst welche zu ersin-
nen, erspart zu haben. — Ich merke dieses darum an, weil mir bekannt ist, daß einige dieser
Herren oft noch albernere Titel, um darnach Romane zu verfertigen, den Schriftstellern vorzu-
schreiben pflegen.

82.

„Es läßt sich itzt nichts sagen, was nicht
schon zuvor gesagt worden wäre *)." — Dieser
Ausspruch des Terenz hat immer so ziemlich für
wahr gegolten. In unsern Zeiten aber sieht
man ein, daß er schlechterdings falsch ist. Jedermann will itzt etwas sagen, was noch Niemand
gesagt hat.

83.

Die Einbildung, schön zu schreiben, vermeh-
ret die Zahl der schlechten Schriftsteller, so wie
die Einbildung, klug zu seyn, die Zahl der
Narren.

C 2   84.

---

*) Nullum est jam dictum, quod non dictum sit prius.
TER.

84.

Ich habe die kleinen Noten des Herrn D. Skriblers zu dem neuen Testamente gelesen. — Soll ich Ihnen meine Meynung ganz kurz davon sagen? — Der Mann gießt Waſſer über einen spirituöſen Text.

85.

Wer immer etwas Neues ſagen will, ſagt ſelten etwas Wahres. Man mache die Anwendung hiervon auf unſre jetzigen Herrn Reformatoren oder Renovatoren der Wiſſenſchaften.

86.

Vor 30 Jahren riß der allgemeine Beyfall einiger großer Dichter jeden Schüler hin, Verſe zu machen, mit Reimen und ohne Reime, und jeden Handwerksmann, welche zu leſen, er mochte ſie verſtehen oder nicht. Daher eine ſo ungeheure Menge elender Gedichte in jeder Art. Daher die gegenwärtige ſo allgemeine Verachtung der Dichtkunſt in ganz Deutſchland.

Man wird aber einſt (dies hoffe ich zur Ehre meines Vaterlandes,) wieder davon zurückkommen; ſollte es auch nicht eher geſchehen, als bis der dichteriſche Geſchmack, der izt ſchon erbärmlich genug iſt, noch mehr verdorben ſeyn, und ein allgemeines Verlangen nach einer neuen Verbeſſerung deſſelben erregt haben wird.

Wehe

Wehe indeſſen den armen Genies, die ein
Talent zur Dichtkunſt bey ſich fühlen! — Man
würde itzt Homeren, Miltonen und Klop-
ſtocken abweiſen, wenn ſie kommen, und den
Buchhändlern ihre göttlichen Schriften antra-
gen wollten. Wie vielmehr einen jungen Zögling des Parnaſſes, der ſich noch mit nichts le-
gitimirt hat, daß Apoll ſein Vater iſt, und die
Muſen ſeine Schweſtern ſind! —

87.

Das vornehmſte, was in unſern Tagen zu
einer guten Lektüre gerechnet wird, ſind philoſo-
phiſche Flöskelchen, empfindſame Tändeleyen,
moraliſche Sprüchwörterchen, ſchielende Bon-
mots und luſtige Mährchen, meiſt im cyniſchen
Geſchmack. — Ein gutes Magazin hiervon liefert der ſo beliebte D. M. des Hrn. W..

...88.

Unter dem erleuchteten und geſchmackvollen
Publikum verſteht ein Schriftſteller blos dasjenige, welches ſo gefällig iſt, ſeine Geiſtes-Pro-
dukte gründlich und ſchön zu finden.

89.

Sie haben zu viel Witz! iſt eben ſo viel, als
wenn man ſagte: Sie ſind ein Narr!

C 3   Sie

Sie haben zu wenig Witz! heißt dagegen nichts anders, als: Sie sind nicht schlau genug. Sie lassen sich übertölpeln.

O wie witzig Sie sind! weis ich nicht besser zu erklären, als so: Sie sind ein Spaßmacher. Es hört sich Ihren Schwänken mit Lust zu.

90.

Die Republik der Gelehrten besteht aus Mitgliedern von allerley Gattungen und Fähigkeiten. Es giebt darinne Männer vom ersten, zweyten, dritten und vierten Range — Fürsten und Edelleute, Bürger und Bauern. — Es giebt darinne besonders auch Künstler und Handwerker, unter denen man, wenn man will, die Herrn Autoren, Kollektaneensammler, Geheimschreiber und Abschreiber verstehen kann. Es giebt endlich aber auch Krämer und Handlanger darinne. Und das sind die Herren Buchhändler und Buchdrucker.

91.

Die mit ihren Wissenschaften durchaus in der Welt Aufsehen oder wohl gar Epoche machen wollen, gelangen selten zu ihrem Zwecke. Und wenn sie es endlich ja so weit bringen, daß sie öffentlich bekannt werden, so erlangen sie doch mehr den Beynamen berüchtigt, als berühmt.

92.

92.

Auf dem großen Schauplatze der Welt treten bisweilen Männer hervor, die, wie Melchisedech, ohne Eltern und ohne Geschlecht sind. Niemand wuste etwas von ihnen, ehe sie aufstunden. Niemand erbt ihren Namen, wenn sie abtreten. Sie sind die ersten und die letzten ihres Geschlechts.

Klopstock ist ein solcher Mann. Er hat seinen Ruhm nicht von seinen Vorfahren. Er hinterläßt ihn keinen Enkeln. Er ist, was er ist, durch sich selbst, und bleibt es auf immer. Der Tod, der Andere zur Vergessenheit bringt, verewigt sein Andenken.

Er schwingt sich mit seinen Gedanken zu einer Höhe, wofür einem schwindelt. Es sind aber keine leeren Dünste, worein er sich hüllt, um übernatürlich zu scheinen. Es sind wirkliche Gedanken, welche bey der schärfsten Untersuchung die Probe halten. Der Ausdruck, den er sich dazu geschaffen hat, ist der Größe seiner Gedanken gemäß. Man hat in beyden gesucht, ihn nachzuahmen. Aber er ist unnachahmlich.

93.

Rabener hat es in der Satire zu einer großen Vollkommenheit gebracht. Er würde es aber vielleicht noch weiter darinne gebracht ha-

ben

ben, wenn sein mühsames Steuer-Amt, das
sich weder für sein Genie, noch für seine Den-
kungsart schickte, ihn nicht daran verhindert
hätte. — Konnte man ihm denn nicht einen
hinlänglichen Gnadengehalt geben, wie
Ludewig, der 14te, seinem Boileau? —

94.

Gellert lebte mehr von der Freygebigkeit
der Ausländer, als der seiner Landesleute.
Diese, (besonders die Vornehmen unter ihnen,)
erfuhren nicht eher etwas von seinem Daseyn,
als bis ihnen jene, so zu sagen, davon Nachricht gegeben hatten. Der Marquis D'Ar-
gens, der englische Gesandte Mitchel, der
damalige Dänische, der ihn für seinen König
verlangte, und verschiedene andere breiteten seinen Ruhm in Dresden und in dem Lager
Friedrichs, des Großen, aus, wo man
von ihm zum erstenmale mit Erstaunen hörte.
Die Sachsen schämten sich endlich ihrer Unacht-
samkeit auf seine Verdienste, und fingen an, ihm
Wohlthaten zu erweisen — als er vor Alter
und Schwachheit wenig mehr genießen konnte.

95.

Für Klopstocken und Kästnern hatte
ihr Vaterland weder Geld, noch Aemter. Für
eine Menge unnützer Ausländer hatte es beydes.

96.

96.

O wie manches große Genie schlummert in der Dunkelheit, weil Niemand da ist, der es ans Licht zieht! — Tausende sterben unbekannt, die, wenn ihnen das Glück, oder ein Mäcen wohl gewollt hätte, eben so berühmt geworden seyn würden, als Cicero und Cäsar, oder Horaz und Virgil.

Was beklagt man sich also über den Mangel an großen Geistern? Man beklage sich vielmehr über den Mangel an großen Gönnern, welche die Wissenschaften lieben, und die dürftigen Genies in Schutz nehmen; oder man beklage sich über die Menge derer, die nur Geld für den physischen Geschmack haben, die nur gegen Komödianten und Kastraten freygebig sind, die keinen andern Ruhm kennen und zu schätzen wissen, als den, mit Menschenblute erkauften Ruhm der Waffen.

97.

Es ist mit einem Genie, wie mit einem Demante, der nicht eher glänzt, als bis er geschliffen ist. Er hat aber doch schon zuvor seinen Werth in sich selbst.

Wie manches kleine Dorf, wie manche geringe Familie in der Stadt hat solche Demante in ihrer Mitte! Aber man giebt ihnen keine Po-

C 5

litur.

litur. Man bekümmert sich nicht um sie. Sie bleiben im Staube.

98.

Vestris war ein Tänzer und sammelte Schätze. Milton war ein Dichter, und litt Hunger. So schätzt und belohnt die Welt die Talente! Künstliche Sprünge gelten mehr bey ihr, als erhabene Gedanken.

99.

Aristarch, ein Kenner der Sprachen und Wissenschaften, bittet um eine Pension und wird abgewiesen. Man hat kein Geld für solche Pedanten. Man braucht es für Blanchard, den Verwegenen, dessen Kopf so luftig ist, wie sein Ballon.

Ich weiß wohl, womit man ein solches Verfahren zu rechtfertigen sucht. Die Armuth, sagt man, hilft den Genies eher zu ihrer Reife, als der Reichthum. Ist sie es nicht, die man eine Erfinderin nützlicher Künste, eine Beförderin großer Handlungen, und eine Mutter berühmter Helden und Dichter nennet? — Ich gebe dieses zu, wenn dieselbe noch leicht und erträglich ist. Ist sie aber gar zu schwer und drückend, so wird sie eine Last für den Geist, die seinen Muth, statt ihn zu erheben, darnieder-schlägt,

schlägt, und sein Feuer, statt es zu beleben,
erstickt.

100.

„Die kühne Armuth hat mich angetrieben,
„Gedichte zu machen *)." — So saget Horaz,
und ich glaube es ihm. Aber es ist klar, daß
er nur von seinen ersten Versuchen in der Dichtkunst redet. Denn so bald er durch diese dem
Mäcen, der ihn dem August empfahl, bekannt geworden war, wo blieb alsdann bey ihm
die kühne Armuth? —

101.

Welch ein wichtiger Unterschied ist nicht zwischen einem mächtigen Könige und einem dürftigen Dichter, so lange sie beyde leben! Im Tode
und bey der Nachwelt sind sie einander vollkommen gleich. Da gehen die Auguste und die
Horaze, die Ludewige und die Corneil-
len, die Friedriche und die Gellerte in
einem Paare.

102.

Man hat itzt in den meisten Städten
Deutschlands besondere Lesegesellschaften
errichtet, von welchen die Mitglieder beyderley
Geschlechts einander die neuesten Journale und
Ro-

---

*) Et laris et fundi paupertas impulit audax, Ut ver-
sus facerem. — HOR. lib. 2. Ep. ad Flor.

Romane blos zum Ansehn mittheilen; denn gelesen werden sie ohnedem von den wenigsten. Weil es aber die Mode und der gute Ton der Welt einmal so mit sich bringen, einer solchen witzgleißnenden Gesellschaft beygezählet zu werden, so drängt man sich eben so sehr zu dieser eingebildeten Ehre, als sich die Gelehrten in B . . zu derjenigen drängen, Mitglieder der dasigen Academie der Wissenschaften zu heißen. — Ein Glück für euch, ihr Herren Buchhändler! die ihr eure, größtentheils geistlosen, Verlagsartikel nicht besser anzubringen wißt, als bey solchen Gesellschaften.

103.

Polemischer Ton unsrer schönen Geister *).

„Der garstige Bock!" So fein schilt W . . der witzige W . . den ehrlichen N . . in der Person seines verliebten Romanhelden, der für sieben Weiber Neigung und Temperament hatte. Und N . . der christliche Deist, der sich schon so oft in seinem Leben über die Zanksucht der Theologen ereifert hat, giebt seinem Gegner dieses Kompliment nicht weniger artig zurück: „Pfuy! der garstige Bock! — Dabey versichert noch jeder das unpartheyische Publi-

*) Weiter unten werde ich auch eine Probe geben, wie sich die philosophischen Streiter behandeln.

Publifum, daß der Andere daſſelbe mit der, auf
ſeine Schriften verlangten und auch erhaltenen,
Pränumeration ſchändlich betrogen habe. —
Möchte man nicht hierbey ausrufen: Sind
das nicht garſtige Böcke! — Allein, um
nicht in ihren eignen Fehler zu fallen, will ich
blos ſagen: Sind das nicht unartige
Polemiker! —

104.

Die Schauſpielerzunft hat in unſern Tagen
an den Declamatoren einen edlen Neben-
zweig befommen, der ſie zu vervollkommnen ſucht
und dem Publifum bereits eben ſo ſehr als ſie
zur Beluſtigung dienet. In beyden iſt die Einrichtung und die Gewohnheit einerley. Man
hat Logen, Orcheſter, Theater und Parterre.
Man bezahlt für den Einlaß, plaudert, lacht,
liebäugelt, pfeift, wenn das Stück mißfällt,
und applaudirt, wenn man es ſchön findet. Im
Uebrigen haben die Schauſpieler in beyden Gattungen mit den Poeten einerley Zweck, ut pro-
deſſe velint et delectare: Nur mit dem Unter-
ſchiede, daß derſelbe bey den Declamatoren aus-
gedehnter iſt, und der Nutzen davon ſich ſogar
bis auf die Kanzel erſtrecken ſoll. Daher dieſe
Herren ſichs zur Pflicht machen, junge Theologen und angehende Prediger zu lehren, wie ſie

Gottes

Gottes Wort unter so seltsamen Grimassen
und mit einer so affektirten Stimme den Leuten
vorsagen sollen, daß, wie ich glaube, der Böse
selbst, wenn er zugegen wäre, sein spöttisches
Lachen darüber nicht unterdrücken könnte.

105.

Der löblichen Toleranz und Preßfreyheit
zufolge, kann man itzt wider die Schrift und
die symb. Bücher schreiben und drucken lassen,
was man will. Dies ist, daferne man nur nicht
gar zu plump zu Werke geht, jedwedem zu thun
erlaubt. Allein der theuren Friedfertigkeit
und Menschenliebe zum Besten, darf sich
heut zu Tage niemand unterstehen, wider solche
Verfasser, wenn sie zumal vornehme und hoch-
graduirte Personen sind, weder etwas zu schreiben, noch in Druck zu geben. — Die Ursache
ist vermuthlich diese, weil man Gott zu viel
Philosophie zutrauet, als daß er sich über die
ihn betreffenden schiefen Urtheile der Unverstän-
digen ärgern sollte: da hingegen die Menschen
als Schwache betrachtet werden, die über den
Tadel Anderer gemeiniglich höchstempfind-
lich sind, und daher, so viel als möglich, geschont werden müssen. —

Man sage nun noch, daß unsre Zeiten nicht
aufgeklärt wären!

Fünf=

Fünftes Kapitel.

Von dem Geschmacke.

106.

„Vom Geschmacke ist nicht zu disputiren."—
Dieses Sprüchwort wird von denen ganz unrecht verstanden, die damit beweisen wollen, daß
es im Grunde weder einen guten, noch einen
schlechten Geschmack gebe.

Wenn Erast das Saure und Theron
das Süße liebt, so läßt man sie bey ihrem Ap-
petite. Aber ist deswegen sauer und süße einerley? — Oder wenn Doranten, weil er einen verdorbenen Magen hat, vor den schmackhaftesten Speisen eckelt, und Kleon, wegen
seines zarten, oder vielmehr verwöhnten Gau-
mens, zu viel Würze liebt, oder zu wenig Salz
leiden kann, wird deswegen wohl jemand sagen,
daß die Schuld hiervon an den Speisen liege,
oder daß es Recht sey, ihnen viel Würze und wenig Salz zu geben? —

Eben so ist es auch, in Ansehung des moralischen Geschmacks. Da giebt es ebenfalls angenehm und bitter, sauer und süße, Salz und
Würze, gute und schlechte Speisen, gesunde und
kranke

kranke Mägen, verwöhnte und unverwöhnte
Gaumen.

107.

Wer das zu viel oder zu wenig Witz in einer
Schrift, wer das wahre Schöne eines Gedan=
kens und eines Ausdrucks leicht bemerkt oder
fühlt, von dem kann man mit Recht sagen: Er
hat Geschmack!

108.

Zuweilen ist es mit den Speisen, wie mit
den Kleidertrachten. Eine gewisse Art derselben
ist eine Zeitlang Mode. In unsern Tagen müs=
sen die moralischen Köche ihren Gästen, wenn
sie sich bey ihnen beliebt machen wollen, nichts,
als Romane, Wochenschriften, ökonomische Beob=
achtungen, Religions-Novitäten und derglei=
chen vorsetzen; und zwar alles in ungeheurer
Menge; denn der Hunger darnach ist unersättlich.
Man kann sich leicht vorstellen, daß diese Ge=
richte nicht alle frisch zubereitet seyn können,
sondern daß auch viele aufgewärmte, viele un=
schmackhafte Fricassees und Ragouts mit unter=
laufen müssen.

109.

Kurz vor und unter der Regierung Au=
gusts kannte und schätzte man in Rom den
guten Geschmack, wovon die Schriften eines

Cicero's,

Cicero's, Cäsars, Virgils, Horazes
und anderer noch itzo zeugen. Allein man lernte
ihn gar bald verkennen und weniger schätzen.
Seneka, Lukan, Plinius, der jüngere,
und andere verließen ihn, um sich und Rom
einen neuen zu schaffen, an welchem die Kunst
weit mehr, als die Natur, Antheil hatte.

Zu Ludewigs, des 14ten, Zeiten blühete
in Frankreich das goldne Jahrhundert. Cor-
neille, Racine, Moliere, Boileau,
La-Fontäne, Fenelon, Boßuet, Bour-
daloue u. a. hatten gewiß den guten Geschmack,
den die Alten besaßen, und den sie von ihnen
erlernet hatten. Aber er blieb unter ihren Lan-
desleuten nicht lange unverfälscht. Die spätern
französischen Schriftsteller verdarben ihn, entweder durch zu viel, oder zu wenig Würze.

In Deutschland herrschte lange Jahrhunderte hindurch die geschmackloseste Schreibart
und der fadeste Witz, den man sich nur denken
kann. Man drückte sich in Schriften, wie im
Umgange, auf das abentheuerlichste aus, wollte
überall seine Belesenheit zeigen, flickte sein Buch
aus vielerley Sprachen zusammen, spielte mit
Wörtern und Namen, war grob, indem man
spaßhaft seyn wollte, und ward dadurch den
klügern Nachbarn lächerlich. Unvermuthet tra-

D   ten

ten Moßheim, Jerusalem, Cramer, Gellert, Schlegel, Zachariä, Klopstock, Leßing, Rabener und andere ihnen ähnliche Schriftsteller auf, reinigten den Geschmack der Deutschen, und retteten von dieser Seite ihre Ehre. Ihre Schriften sind unter uns eben so klaßisch, als die der Zeitverwandten eines Augusts und Ludewigs.

Izt, wo wir uns mit einer besondern Aufklärung brüsten, ist der Geschmack der Deutschen eben so beschaffen, wie der Geschmack der Römer zu den Zeiten Seneka's. Man will sich von dem gewöhnlichen entfernen und fällt ins Sonderbare. Man will sich kurz fassen und wird unverständlich. Man will den Witz nicht sparen und verschwendet ihn.

110.

Es ist, wie mich dünkt, kein geringer Beweis von dem Verfalle, in welchen der Geschmack der Deutschen gerathen ist, daß sie anfangen, Gellerten und seine Zeitgenossen zu verachten, die sich doch nach den besten Mustern der Griechen und Römer, Gallier und Britten gebildet haben. — Gellerts Fabeln, deren Stil so sanft, so fließend und zugleich so voll von dem naifsten Witze ist, werden izt wenig mehr gelesen und noch weniger von Jemanden empfoh-

empfohlen. Dafür lobt man Andere, worinne
der Erzähler auf Stelzen geht, oder auf Schne-
cken reutet. Hier ist zur Probe eine Fabel, die
ganz von der Güte unsers jetzigen Geschmacks
in dieser Art von Gedichten zeuget. Ein scharfsinniger Recensent hat sie selbst aus einer neuern
Sammlung entlehnet, die er für witziger hält,
als die Gellertische, und daher bald in den Händen aller Freunde geistreicher Schriften vermu-
thet. Sein Beweis ist diese Fabel:

Die alte und die junge Biene.

D. j. B.   Ich sammle Honig aus den schönsten
Blüten,

        Und steche dann und wann dabey

        Die Fratzen all', die mir das Ding
verbieten.

D. a. B.   Wohl, liebes Kind! Gott mag dich
schön behüten!

        Daß immer Würdigkeit in deinem
Stiche sey.

        Doch wie? (der Fratzen giebts auf
Erden vielerley;)

        Wenn das Verbot von einem Esel
wäre?

D. j. B.   Den laß ich laufen, traun! ihn ste-
chen, was für Ehre?

          Vor

Vor Anführung dieser Fabel schicket der Herr
Kunstrichter folgende Anmerkung her: „Es ist
„schon lange, daß kein neuer Fabeldichter unter
„uns aufgestanden ist; desto willkommner muß
„uns dieser seyn, zumal er, wie er selbst sagt,
„keiner der gelaßnen Erzähler, das heißt,
„kein Nachahmer Gellerts ist. Herr Wie-
„land hat die Liebhaber der comischen Poesie an
„eine würzreichere Speise gewöhnt, als
„man vor 30 Jahren zu genießen pflegte; so
„daß blos eine Erzählung, ohne Witzverbrä-
„mung, nicht viel Gönner unter ihnen finden
„dürfte.“

III.

Den jetzigen Oden-Geschmack wird man ohngefähr aus nachstehendem Gesange beurtheilen
können, der aus der Sammlung eines der besten Dichter unserer Zeiten genommen, und in
derselben gewiß keiner der schlechtesten ist:

Sie und Mai und Nachtigal.

Wie leuchtet milde, blaß und schön
Die Abendsonne! Sieh, wie wehn
Die Blüthen, röthlich, weiß und bunt,
Und überschnein den Gartengrund!

Wie schwimmt die külige Abendluft
In Mai und Nachtviolen-Duft!
Wie wölbt sich die Laube blätterschwer
So dunkelfreundlich um uns her.

Und, horch! durch Garten, Busch und
　　　　　　　　　　Thal
Schlägt ihren Schlag die Nachtigal!
Dein Schlag schlägt mir durch Mark und
　　　　　　　　　　Bein —
O Nachtigal! Nachtigal! schone mein!

Und, ach! in ihrer Lieblichkeit,
In ihrer Schönheit Feyerkleid
Wallt neben mir das Mädchen mein!
O Mädchen! Mädchen! schone mein!

O schone mein! du bist so hold,
Viel holder, als der Sonne Gold.
Viel schöner, als die Blüthen all.
Viel süßer, als die Nachtigal.

Dein Auge blau und freundlichgut,
Dein Mund in seiner Rosenglut!
Dein Blick so lieb! Dein Busen rein!
O Herzensmädchen, schone mein!

In meiner Seele lebts und webts.
In meinem Herzen strebts und bebts.
Es wogt und wirbelt Fluth auf Fluth,
Es blitzt und lodert Gluth auf Gluth.

Und, horch! durch Busch' und Blüthen all
Schlägt noch einmal die Nachtigal.
Dein Schlag schlägt mir durch Leben und
                  Sein.
O Nachtigal! Nachtigal! schone mein!

Mir wird so heiß! Mir wird so weh
Um dich; du innig Innige!
Wer ist, wie ich, so stark, so held!
Ich schlüge für dich mit der ganzen Welt.

Ich stürbe für dich den heißesten Tod!
Zehntausendfachen grimmigen Tod!
Wohl grimmig, düster, wild ist er!
Doch ist die Liebe noch grimmiger!

Wer will mir rauben das Mädchen mein?
Zu Staub soll stieben sein Gebein!
Wer hadert um meine erwählte Braut?
Das Verhängniß hat mir sie angetraut!

O Mädchen! Mädchen! bleib nur mein!
So ist mir Welt und Schicksal klein!
So reißt mich von dir nicht Gewalt noch
Noth.
Selbst nicht der eiserne grimmige Tod.

Rufen Sie, Herr Leser: Bravo! Bravo! und
rufen Sie nicht, so sage ich Ihnen im Namen
aller Liebhaber des jetzigen Geschmacks, daß
Sie sich nicht auf geistreiche Verse verstehen.
Wissen Sie denn auch, daß diese Gedichte den
Stempel des Zeitungsschreiber-Lobs erhalten,
und daß sogar Professoren der schönen Wissenschaften sie öffentlich vom Katheder herab als
Muster empfohlen haben? — Sie schütteln den
Kopf? — Ja, ja! verlassen Sie sich drauf. —
Einige setzen so gar den Verfasser, (der sich
übrigens Rosegarten nennt, und seine Gedichte 1788. in Leipzig hat drucken lassen,)
unter die ersten klassischen Dichter der Deutschen.

112.

Hier ist auch etwas zur Probe von der neuesten Philosophen-Sprache, wodurch Licht in
die Köpfe gebracht wird, damit sie hell und aufgeklärt denken lernen:

„Daß von einem einfachen Theile kein Bild
„statt findet, ob er zwar selbst ein Theil von

D 4   „einem

„einem Bilde, das ist, von einer sinnlichen An-
„schauung ist, kann ihn nicht in die Sphäre des
„Uebersinnlichen erheben. Einfache Wesen müs-
„sen allerdings über die Grenze des Sinnlichen
„erhoben gedacht, und ihrem Begriffe kann kein
„Bild, d. i. irgend eine Anschauung, correspon-
„dirend gegeben werden; aber alsdann kann
„man sie auch nicht als Theile zum Sinnlichen
„zählen *).“ — —

„Wenn ich sage: Das, was der Möglich-
„keit des Zusammengesetzten zum Grunde liegt,
„was also allein als nicht zusammengesetzt ge-
„dacht werden kann, ist das Noumen (denn im
„Sinnlichen ist es nicht zu finden); so sage ich
„damit nicht: Es liege dem Körper als Erschei-
„nung ein Aggregat von so viel einfachen We-
„sen, als reinen Verstandes-Wesen, zum Grun-
„de; sondern, ob das Uebersinnliche, was jener
„Erscheinung als Substrat unterliegt, als Ding
„an sich, auch zusammengesetzt oder einfach sey,
„davon kann Niemand im mindesten etwas wis-
„sen**).“ —

Was

*) **) S. die Schrift: Ueber eine neue Entdeckung, nach der alle neue Kritik der
reinen Vernunft durch eine ältere
entbehrlich gemacht werden soll, (S.
38. und 45.) von J. S.

Was für Vorwürfe machte man nicht einst dem sel. D. Crusius, wegen der großen Dunkelheit, die in seiner Philosophie herrschen sollte! — Nun frage ich jedweden Leser von Einsicht und Unpartheylichkeit: Ob er in dieser neuen Art zu philosophiren mehr Licht wahrnimmt? —

Noch eine kleine Stelle aus diesem Buche, die besonders die Herren Theologen sehr interessant finden werden:

„Das Reich der Gnaden (im Gegensa-
„ze von dem Reiche der Natur,)
„ist das Reich der Zwecke in Beziehung auf
„den Endzweck.“ —

Ebend. S. 125.

Da, ihr Herren Volkslehrer! merkt euch diese Erklärung! — Wie unverständlich habt ihr euch nicht immer in euren Katechismen über diesen Gegenstand ausgedrückt! — Niemals konnte man recht aus euch klug werden, was ihr eigentlich unter dem Gnaden-Reiche verstündet. Hier haben wir die Sache auf einmal deutlich: „Es
„ist das Reich der Zwecke in Bezie-
„hung auf den Endzweck.“

113.

Die Geistlichen predigen itzt entweder im philosophischen oder im Volks-Tone.

D 5   Beyde

Beyde Arten haben ihre Liebhaber. Von beyden will ich ein Paar Proben liefern.

Der philosophische Kanzelstil lau-
tet ohngefähr so:

„Der Mensch ist ein Mensch, M. A.
Z. Ich wiederhole es: Der Mensch ist
ein Mensch. So wenig dieser Satz zu
sagen scheinet, so viel sagt er doch wirklich.
Der Mensch ist also auf der einen Seite
kein Stein, keine Pflanze, keine bloße Ma-
schine, kein bloßes Thier; aber er ist auch
auf der andern Seite kein reiner Geist, kein
Engel, kein noch höheres Wesen. So wenig ihm also die Eigenschaften eines Stei-
nes, einer Pflanze, eines unvernünftigen
Thieres zukommen, eben so wenig kommen
ihm die Vorzüge oder die Kräfte eines mit
keinem so organisirten, oder mit einem
vollkommenen Körper verbundenen Geistes, eines höhern Wesens zu. Der Mensch
kann also auch nicht allen allen Verstand, sondern nur den Verstand eines
Menschen, nicht alles Empfindungsver-
mögen, sondern nur das Empfindungs-
vermögen eines Menschen, nicht allen
Scharfsinn, sondern nur den Scharfsinn
eines Menschen, nicht alle Erkenntniß
und

und Einsicht, sondern nur die Erkenntniß und Einsicht eines Menschen, nicht
alle mechanische oder geistige Kräfte, sondern nur die Kräfte eines Menschen haben. — — So wie das Lamm nicht die
Stärke des Löwen, und der Maulwurf
nicht das scharfe, weitreichende Auge des
Adlers haben kann; wenn das Lamm ein
Lamm, und der Maulwurf ein Maulwurf
seyn, oder wenn unter den Geschöpfen Gottes auch Lämmer und Maulwürfe seyn sollen: So kann der Mensch nicht den Verstand eines höhern Wesens haben, das vielleicht ganze Welten übersieht, und ganze
Welten in Bewegung setzet, wenn anders
der Mensch ein Mensch seyn, oder, wenn
unter den unzähligen Werken Gottes auch
Menschen seyn sollten *)." —

Der beliebte Volkston, dessen sich unsre
Herren Geistlichen, besonders auf dem Lande,
bedienen, hat ohngefähr folgenden Klang **):

„Lie-

---

*) S. Zollikofers Betrachtungen über das
   Uebel in der Welt, auf der 9. u. 10. Seite.

**) Siehe unter mehrern Mustern dieser Art Hrn. H.
    G. Zerrenners Natur- und Ackerpredigten,
    auf der 60. 166. u. 176. Seite.

„Lieben Freunde! Wenn ihr erndten wollt;
so müßt ihr erst säen, und ehe das geschieht,
den Acker zur Annahme der Saat und zum
Tragen des Korns vorbereiten, und das
thut ihr durch mehrmaliges Pflügen. Ihr
stürzt oder stoppelackert euer Feld,
damit die Stoppeln von der vorigen Erndte
unterkommen. Wenn diese ganz verfault
oder verrottet sind; so wendet ihr denn
euern Acker, und wenn er auch dadurch
vielleicht noch nicht locker oder klein genug
geworden, oder vielleicht neues Unkraut
hervorgekommen wäre, und damit der
Dünger desto besser untergebracht werde;
so drittartet ihr, oder pflüget zum drit-
tenmal, um das Feld noch besser zur Saat
zuzubereiten; und denn pflüget ihr ihn zur
Saat, welches ihr die Saatfuhre
nennt." —

Eben so bekannte, als vortrefliche Wahrheiten.
Wie müssen nicht die Bauern vor Verwunderung
hierüber das Maul aufgesperrt haben! — Doch
über folgendes vielleicht eben so sehr:

„Ihr wißt, l. Fr. daß es verschiedene Arten des Regens giebt, z. E. Staubre-
gen — wenn die Tropfen ganz klein
sind — Strichregen, wenn es nur auf
einen

einen Theil eurer Feldmark regnet — und
Platzregen, wenn die Tropfen sehr groß
sind und in ganzen Regengüßen herab-
stürzen." — —

Hierauf beweist der Herr Verfasser den Nutzen
des Regens sehr umständlich, und sagt unter
andern:

„Wißt ihr noch wohl, wie wars vor ein
paar Jahren, da's so lange nicht regnete?
Waren nicht viele Brunnen in unserm Dorfe
so gar ausgetrocknet? Und wie klein war
unser kleiner Fluß, die Sülte — ja so
gar der große benachbarte Strom? Es
konnte ja kein Kahn mehr fahren, und viele
Waaren wurden theuer, weil nichts die
Elbe herauf kommen konnte. Was wäre
da nicht beynahe für eine Brodtnoth entstanden? denn die Wassermühlen giengen
nur sehr langsam und konnten nichts schaffen, und zum Unglück lag der Wind auch
stille, wie ihr zu sagen pflegt, oder es
gieng kein Wind. Und das alles kam davon, daß es so lange nicht geregnet hatte! —
Sehet ihr nun wohl, was der Regen für
einen großen Nutzen hat?" — u. s. w.

114.

Unsre neuern Herrn Romanschreiber pflegen sich größtentheils so auszudrücken:

„Lieber Siegwart! siehe mich an! Guter Junge! Ich weis, wie dir ist! Laß uns vergessen was vergangen ist! Komm, küß mich einmal! Gott weis, ich bin dir herzlich gut. Komm, Xaver! (sie umarmten sich.) du lieber, guter Xaver! — Wir haben uns schon so lange nicht gesprochen. Bist doch recht vergnügt? Nicht wahr, kannst mich doch noch leiden?"

„Siegwart. — Weis Gott, ich kanns nicht aushalten, Kronhelm! — Geh! Ich bins nicht werth. Laß mich weinen! — — Wie hätt ich das denken können, daß du zu mir kommen würdest? Und so freundlich? Weis Gott, du bist ein Engel! bist kein Mensch! — Mich noch ansehen! — Mich! — O, ich möchte dich zerdrücken, Junge! — Geh! Ich kann dir nicht ins Auge sehen. Du bist gar zu freundlich. — Jesus Maria! Was ich für ein Mensch wär *)."—

Da,

*) S. die bekannte Geschichte Siegwarts, 1. Th. S. 181.

Da, lieber Leser! hörst du'n neusten Roma-
nen-Ton. So klingt und klapt'r. Bitte mit
diesem Pröbchen einstweilen vor Willen zu nehmen. Könnte dir allenfalls Stellen aus noch
launichtern Geschichtchen anführen. Hab sie
aber nicht gleich bey der Hand. 'S vergreift
sich so was gar zu g'schwind, zumal wenn man
ein Truppchen guter Freunde um sich rum hat,
die gern so was drollichtes lesen und es einem
abborgen. Auch in den Buchläden, wo itzt lauter solche schöne Sächelchen zu haben sind, weiß
Gott! wie in weiche Semmeln, kauft man drein.
Ehe man sich umsieht, weg sind die Exemplare.
'S Romanen-Fach ist heut zu Tage bey meiner
Treue eine rechte Goldgrube für die Buchhändler. Ganze Frachtwagen voll werden zur
Michael- und Ostermesse von diesen dicken Herren nach Leipzig und von da in alle Welt geführt. Wollte daher wohl wetten, daß die 1000
Lohnkutscher, die zu dieser Frist in Wien seyn
sollen, kaum im Stande wären, nur diejenigen
Liebesspäßchen aufzuladen, die seit'n Ausbruche
des jetzigen Türkenkriegs in Deutschland gedruckt worden sind. Alle Lumpenleute im heiligen römischen Reiche, (mögen ihrer doch warlich
nicht wenig seyn,) können kaum soviel Lumpen
zusammenschleppen, als Jahr aus Jahr ein

zum

zum Drucke der Romanen erfordert werden.
Wie g'sagt, dieser Artikel ist eine rechte G o l d-
g r u b e für die Buchhändler; gewährt dazu auch
manchem Verfasser ein hübsches Stückchen Brodt;
er müste denn frühzeitig, (wofür der Himmel doch
jeden in Gnaden behüten wolle!) den Krampf in
die rechte Hand bekommen. — Wenn du etwa
auch was schnackisches schreiben willst, Leser!
sags nur! Kenne etliche Buchhändler, die den
fadesten und stümperlichsten Roman besser bezahlen, als das gründlichste und nützlichste Lehr-
buch. Mich deucht, so'n profitabler Vorschlag
ist nicht aus dem Wege zu werfen. — Was
meynst du? — Kannst's mit deinen Fingern
überlegen. —

Sechstes Kapitel.

Von der Philosophie, und den Philosophen.

115.

„Es geschieht nichts neues unter der Sonne, sagte Salomo, der Weise, der vor mehr, als drittehalb tausend Jahren lebte. — Hatte er Recht, dieses zu sagen? — Ich zweifle, wenn man die Weisen der jetzigen Zeiten reden höret, die sich klüger dünken, als alle Salomone der alten Welt. Diese Herren gehen in der That sehr ernstlich darauf um, alles unter und über der Sonne neu zu machen, Staat, Religion, Vernunft, Geschmack, Witz, Menschheit, ja! wo möglich, die Erde und den Himmel selber. — Sie allein wollen bleiben, wie sie sind.

116.

Einerley Sache kann nicht zugleich so und auch anders, wahr und auch falsch, seyn. — Dieser Grundsatz macht in der Theologie entweder die Orthodoxie, oder die Heterodoxie zur Lügen.

117.

Wenn die Frage von der Wahrheit und Falschheit einer Sache ist, so kann ich um desto

E   weniger

weniger dabey gleichgiltig bleiben, je mehr ich
mich und meine ganze Wohlfarth dabey interes-
sirt finde. — Man mache die Anwendung hiervon auf die Frage von der Wahrheit und Falschheit der christlichen Religion.

118.

Die Wahrheiten müssen nothwendige Kennzeichen haben, woran man erkennen kann, daß
sie Wahrheiten sind. — Der Sieg einer Parthey über die andere kann nichts zur Wahrheit
machen, was nicht an sich selbst schon Wahrheit ist. — Wenn gleich ein witziger Voltäre
die Kunst verstund, einen falschen Satz sehr
wahrscheinlich vorzustellen, so konnte er doch
mit allen den scheinbaren Siegen, die ihm sein
lachender Witz über seinen Gegner verschafte,
keinen einzigen Irrthum zur Wahrheit, und keine
einzige Wahrheit zum Irrthum machen. Jeder
Kluge seines Zeitalters entdeckte seine Sophiste-
reyen, und gestund ein, daß Maupertuis
deshalb keineswegs Unrecht hatte, weil ihn
Voltäre bisweilen an der Tafel des großen
Friederichs mit seinen Trugschlüssen ver-
wirrte.

Gleiche Bewandniß hat es mit allen Erfin-
dern und Verfechtern sonderbarer Meynungen,
sie heißen Pythagores, Plato, Confu-
zius

zius, Epikur, Arius, Nestor, Pela-
gius, Mahomet, Bayle, Leßing, Bahrdt,
oder wie sie sonst wollen. Sie verblenden zwar
die Augen der Kurzsichtigen, die sich in zahlrei-
cher Menge zu ihren Vertheidigern aufwerfen,
und mit ihrem Houßa-Geschreye die klügern
Gegner zu übertäuben suchen. Allein wenn
man fragt: Sind ihre Lehren wahr? sind sie
falsch? — so muß es so gewiß Gründe geben,
wornach diese Fragen beurtheilt und entschieden
werden müssen, als etwas wahres oder falsches
in der Welt ist.

119.

Leibniz ersann seine prästabilirte
Harmonie. Sie fand Beyfall. Man erhob
sie allenthalben. Wurde sie deswegen zur Wahrheit? — Huß grif den Primat des Pabstes an,
und suchte ein zerstümmeltes Sakrament zu er=
gänzen. Man übergab ihn den Flammen, und
verdammte seine Lehre. Wurde sie deswegen
zum Irrthume? —

120.

Das ist ein Mann! der denkt doch! nur
Schade, daß ihn Niemand versteht! so hörte
ich neulich einen Schüler des berühmten Hirn-
rusts sagen, der über seine eigenen philosophischen Sätze ließt, die ein wahrer Mischmasch

E 2   sind.

find. So unverständlich indeffen feine Lehrart
ift, fo fehlt es diefem Manne gleichwohl nicht
an Beyfalle; denn feine Perfon, feine Stimme,
fein Anftand, feine blumenreichen Ausdrücke, und
unterweilen feine fpaßhaften Einfälle, machen
ihn feinen Zuhörern angenehm. Im Uebrigen
zeugt von dem großen Werthe und dem herrlichen
Nutzen feiner Vernunft= und Sittenlehre vor=
nehmlich fein eigenes bekräftigendes Beyfpiel.
Denn keine Gemüthsart ift unbeftändiger, keine
Aufführung unregelmäßiger, keine Haushal=
tung unordentlicher, als die feinige.

121.

Ich kann mir keinen größern Thoren vor=
ftellen, als einen fogenannten Philofophen, der
an der Unfterblichkeit feiner Seele zweifelt, kei=
nen unwiffendern Menfchen, als einen vorgebli=
chen Gelehrten, der fich mit dem Viehe in eine
Klaffe fetzt, fich mit dem Viehe für einerley Ma=
terie hält, und fich und dem Viehe einerley Ende
prophezeyet. —

Ein folcher Philofoph gleicht einem Fürften,
der fich eine Ehre daraus macht, feiner ange=
bornen Würde zu entfagen, und fich unter die
niedrigften Sklaven zu mifchen.

122.

Duns, der größte Philosoph unsrer Zeiten, edirt Band auf Band, kritisirt Vernunft und Religion, scheinet zu beweisen und beweist nichts, wird gelesen und nicht verstanden. Viele zweifeln mit Recht, ob er sich selbst verstehe. Wie weit indessen dieser tiefdenkende Mann in der Erkenntniß der Wahrheit gekommen seyn müsse, kann man daraus sehen, weil er noch nicht gewiß weis, ob ein Gott sey. — Ursache genug für die Welt, und insbesondere für seine Anhänger, ihn zu bewundern! —

123.

Man hat, dünkt mich, Unrecht, den Namen Philosoph durch Weltweiser zu übersetzen. Ein Liebhaber der ächten Weisheit gilt bey der Welt selten für weise. Oder will Weltweiser so viel sagen, als ein weiser Weltbürger? so ist dieser Titel immer noch zu stolz für einen wenig wissenden Sterblichen. Der eines Philosophen ist ohnstreitig bescheidner und passender.

124.

Mit dem Worte Philosoph geht es noch am Ende, wie mit den Worten Pfaff und Schuft, die ihre ursprünglich guten Bedeutungen durch den Mißbrauch in schlechte ver-

E 3   wan-

wandelt haben. Was ist im Grunde rühmlicher, als der Name Philosoph? Gleichwohl wird itzt jeder ruchlose Bube, der seine Ausschweifungen mit Scheingründen zu rechtfertigen weis, von der Welt ein Philosoph und seine lüderlichen Streiche Philosophie genennet.

125.

Rousseaus Wittwe ließ sich im 55sten Jahre ihres Alters mit einem englischen Bedienten trauen. Voltärens hinterlassene Nichte und Haupterbin, Madame Denis, begieng die nehmliche Thorheit, indem sie in ihrem 70sten Lebensjahre einen jungen starken Bengel von niedriger Abkunft heurathete. Beyde Begebenheiten, fügt der französische Erzähler derselben hinzu, machen unsern neuern Philosophen wenig Ehre, welche die Welt bessern und reformiren wollen, und nicht einmal den nächsten um sie befindlichen Personen weisere Gesinnungen einflößen konnten.

126.

Derjenige ist ein schlechter Philosoph und ein noch schlechterer Christ, der eine lasterhafte Person, wäre sie auch die Beherrscherin des ganzen Erdbodens, groß und bewundernswürdig nennen kann.

Die

127.

Die ganze gelehrte Welt ist itzt in einer Art von Gährung. Fast in allen Systemen geht eine wichtige Revolution vor. Alles verliert seinen gewöhnlichen Namen, alles wird umgeschmolzen, alles geschmackvoller eingerichtet. Die Fahne der Freyheit wird in dem Reiche der Wissenschaften eben so, wie in dem Gebiete der Religion, mit großem Geschreye aufgesteckt. Die Parole aber, die man sich dabey ins Ohr sagt, ist diese: „Es denke, wer kann, und glaube, wer will!" ━

128.

In unsern Tagen braucht man, um viel zu wissen, nur wenig zu lernen. Man denkt schon, wie ein Philosoph, wenn man auch noch gar nicht gedacht hat; man ist ein Moralist und lebt mit der Welt. Die Anfänger in den Wissenschaften führen schon die dreiste Sprache der Kenner, und die kleinen Katechismus-Schüler werfen sich schon zu Religions-Verbesserern auf. ━ Allem Vermuthen nach stehen uns entweder noch recht dumme, oder recht kluge Zeiten bevor.

129.

Wenn sich itzt zwey Philosophen öffentlich über Materien zanken, die außer ihnen vielleicht

E 4   nur

nur sehr wenige verstehen, und die daher auch
nur für sehr wenige von einigem Nutzen seyn
können, so hält sich kein Journalist und Zeitungsschreiber darüber auf. Vielmehr lesen sie
ihre Zankschriften mit Beyfalle, und ertheilen
ihnen ihr Bravo. — Man erwäge einmal unpartheyisch nachstehende philosophische Grob-
heiten, die darum, weil sie keine theologischen
sind, Niemanden aufzufallen scheinen. Sie sind
aus einer weitläuftigen Rechtfertigung des
Herrn K. gegen den Herrn E. genommen, der
die sogenannte Kritik der reinen Vernunft des erstern anzugreifen gewagt hatte *):

„Herr E. muß entweder gar keinen Begriff vom Unterschiede eines logischen (for-
malen) und transcendentalen (materiellen)
Princips der Erkenntniß haben, oder welches wahrscheinlicher ist, dieses ist eine von
seinen künstlichen Wendungen u. f.
w. S. 15.“

„Herr E.. hat sich in seinen eignen Listen
verwickelt — S. 18.“

„Obgleich Herr E.. mit den Mathemati-
kern

---

*) Ich habe diese Schrift schon oben angeführt. Ihr
Titel ist: „Ueber eine Entdeckung, nach der alle
neue Kritik der reinen Vernunft durch eine ältere
entbehrlich gemacht werden soll.“

kern (ungeachtet seiner öftern Anführungen
derselben) in keiner sonderlichen Bekanntschaft zu stehen scheinet — S. 31.“

„Was soll man hier an Herrn E.. bezwei-
feln: Die Einsicht, oder die Aufrich-
tigkeit? — S. 55.

„Wie gar wenig Herr E.. die Kritik
in ihren klärsten Sätzen verstehe, oder
auch, wie er sie vorsätzlich mißver-
stehe u. s. w. S. 71.

„Herr E.. hat, wie es scheinet, von dem,
was die Kritik Dogmatisen nennet,
keinen deutlichen Begriff*). — S. 77.“

„Um eine ganz klare, einfache Sache, so
sehr als möglich, in Verwirrung zu
bringen, bedienet sich Herr E.. allerley
Mittel — S. 89.“

„Noch ein anderes Kunststück, um in
seinen Gegenbehauptungen ja nicht festge-
halten zu werden u. s. w. S. 91.“

„Man sieht, daß Herr E.. von syntheti-
schen Urtheilen a priori entweder schlechterdings keinen Begriff habe, oder, wel-

E 5   ches

---

*) Wenn solche Männer, wie Herr E.. ist, keinen
deutlichen Begriff devon bekommen können, so möchte
ich wissen, wer sonst? — Man beurtheile hieraus
den Werth und den Nutzen einer solchen Kritik.

ches wahrſcheinlicher iſt, ihn abſichtlich
zu verwirren ſuche u. ſ. w. S. 100.

„Welche (nehmlich bloße Idee von ſynthe-
tiſchen Urtheilen a priori) Herr E. ſehr
widerſinniſch, nicht weſentliche nennet. — S. 101.

Ich breche hiervon ab. Meine Leſer werden
hoffentlich an dieſen Pröbchen genug haben. O
daß kein Theolog von der alten Art ſich unter-
ſtünde, einem von der neuern ſolche Sottiſen zu
ſagen! Wie würde man nicht laut über Lieblo-
ſigkeit, Zankſucht, Intoleranz und Mangel an
Lebensart ſchreyen! — Nur alſo dem Philoſophen, dem Kenner und Kritiker der geſun-
den Vernunft, ſoll es, wie es ſcheinet, erlaubt
ſeyn, die Beſtreiter ſeiner oft unbeträchtlichen
Meynungen und Hypotheſen ziemlich derb ab-
zufertigen, und wohl gar, wenn ſichs thun laſſen will, mit den härteſten Streichen zu Boden
zu ſchlagen. — Der Theolog hingegen, beſonders der Orthodox, ſoll, bey tauſendmal wich-
tigern Streitfragen, zu allen Einwürfen ſeiner
Gegner liebreich lächeln, ſie, ohne Gründe, für
gegründet halten, oder wenigſtens ſo artig ſeyn,
und dazu ſchweigen.

130.

Zu Luthers Zeiten gab eine verworrene und
spitzfindige Philosophie zu der Meynung Gelegenheit, daß oft nicht einerley Sache in der
Theologie und Philosophie wahr seyn könne.
In unsern Tagen hat man eben dieselbe Meynung, und eben dieselbe Veranlassung dazu.

131.

Ein Philosoph, dessen Lehre nicht zur Tugend führt, gesetzt, daß sie auch Niemanden
geradezu zum Laster verleiten sollte, ist im Grunde weiter nichts, als ein thörichter Plauderer,
vor welchem der einfältigste Schuljunge den
Vorzug verdienet.

132.

Woher kömmt es, daß gemeiniglich die Weisheit der Welt Thorheit bey Gott ist? — Daher, daß die Welt nur immer alles mit ihrer
elenden Vernunft ausmachen will, mehr auf die
Materie sieht, als auf den Geist, mehr auf den
Schein, als auf das Wesen, mehr auf sich selbst,
als auf den Schöpfer.

133.

Es ist gut, wenn die Regenten Philosophen
sind; nur aber dürfen sie keine Stoiker und
Epicuräer seyn. Denn sind sie das erste, so
behandeln sie ihre Unterthanen hart; sind sie das

letzte-

letztere, so machen sie dieselben weichlich. — Haben sie aber eine solche Philosophie, wie sie Salomo zu Anfange seiner Regierung hatte, so halten sie, gleich ihm, die göttlichen Sitten und Gebote, verstehen, was gut und böse ist, und sind fähig, ein mächtig Volk zu richten. —

134.

Die meisten Menschen achten sichs für eine Schande, zu zweifeln und unwissend zu seyn. Daher reden und urtheilen sie lieber aufs Gerathewohl, als daß sie erkennen und zugestehen sollten, sie sey'n von dieser und jener Sache zu wenig unterrichtet, um darüber ein gewisses Urtheil zu fällen.

135.

Von allen übrigen Eigenschaften des Geistes kann man einen nur eingeschränkten Gebrauch machen. Allein die Richtigkeit der Vernunft ist von einem allgemeinen Nutzen in allen Theilen, Vorfällen und Verrichtungen des Lebens.

136.

Man bedienet sich der Vernunft zur Erlernung der Wissenschaften. Allein man sollte sich auch wieder der Wissenschaften zur Verbesserung der Vernunft bedienen.

Eine

137.

Eine Philosophie, die uns von der wahren
Verehrung Gottes entfernt, und im Tode mit
nichts anderm zu trösten weis, als mit der Ver-
nichtung, ist die allerunseligste, die nur gedacht
werden kann. Sie gleichet einem falschen Freunde, der uns da, wo wir seiner Hülfe am meisten bedürfen, nicht nur verläßt, sondern sogar
noch mit dem fürchterlichsten Unglücke bedroht,
und dabey auf ewig um die Liebe und den Beystand des redlichsten aller Freunde bringt.

Siebendes Kapitel.

Von Religion, Theologie und Aufklärung.

138.

Es giebt vielleicht eben so viel Religionen in der Welt, als es Menschen giebt. Allein im Grunde ist (objective betrachtet) doch nur eine die wahre, und kann es auch nur seyn. Der so mannichfaltige Unterschied unter denselben ist blos subjectivisch, und hat seinen Grund ganz allein in der eben so großen Verschiedenheit der menschlichen Neigungen, Temperamente und Verstandeskräfte. Ein jeder will etwas von sich an die einzige Religion flicken, die von Gott ist. Ein jeder sucht dieselbe, wo möglich, so einzurichten, daß sie sich mit seinen Leidenschaften verträgt. Mit einem Worte, ein jeder verlangt, so wie seinen eigenen Willen, also auch seine eigene Weise zu haben, Gott zu verehren. — Hieraus erkläre man sich den Ursprung so mancherley falschen und einander widersprechenden Religionen, und selbst die Quelle so vieler sonderbaren und einander entgegengesetzten Meynungen in der wahren.

139.

139.

Man wird unter einem Haufen von Christen nicht leicht drey Personen finden, die über einen einzigen, geschweige über mehrere Glaubensartickel in allen Stücken einstimmig denken sollten. — Dieses rührt nicht von der Ungleichheit der Sache, sondern von der Ungleichheit der Personen her.

140.

Die neuesten Theologen machen sichs zur Pflicht, den Schwachgläubigen zur Stärkung, zu beweisen, daß in der Theologie und in der christlichen Religion nicht einerley Lehrsätze wahr wären, oder, mit andern Worten, daß die Theologen oft etwas lehrten, was die Christen zu glauben keine Verbindlichkeit hätten. — Man sehe hiervon mit mehrerm die merkwürdige Geschichte der Theologie des Herrn D. Schmetterlings — passim! —

141.

In vorigen Zeiten verketzerten sich die Theologen oft um nichtsbedeutender Dinge willen. In unsern Tagen halten sie, bey ihren noch so wichtigen Dissensionen, einander alle für rechtgläubig. Jene wollten keinen unter sich dulden, der nicht in allen Stücken glaubte, was sie glaubten. Diese hingegen nehmen jeden unter sich

fich auf, er mag glauben und lehren, was
er will.

142.

Daß man izt alle polemiſche Schriften ohne Unterſchied verdammt *), geſchieht entweder darum, weil der Inhalt der Dogmen,
worüber geſtritten wird, uns völlig gleichgiltig iſt, oder weil man die Wahrheit
und Göttlichkeit derſelben überhaupt bezweifelt.

143.

„Man muß ſich, aus Furcht, die chriſtliche
„Einigkeit zu ſtören, mit keinem Glaubensgeg-
„ner in einen Streit einlaſſen, ſondern, daferne
„er nicht bittweiſe auf andere Gedanken zu brin-
„gen iſt, ſich ihm weiter gar nicht zu widerſetzen
„ſuchen;“ iſt eben ſo thöricht geſprochen, als
wenn man behaupten wollte: Man muß ſich,
um Kriegs-Unruhen zu vermeiden, dem ein-
brechenden Feinde nicht mit den Waffen in
der Hand entgegenſtellen, ſondern ihn entweder
mit guten Worten wieder heimzugehen nöthi-

gen,

---

*) Dies verſteht ſich bloß von der Theologie. Denn
wie wenig ſich die Philoſophen und die ſchönen Geiſter aus dem Polemiſiren ein Bedenken
machen, davon habe ich ſchon oben zwey Proben geliefert.

gen, oder, im Fall dieses nichts bey ihm fruch-
ten sollte, das Land seiner Willkühr und Discre-
tion überlassen.

144.

Das Wort Aufklärung ist der Wahl-
spruch oder das Losungswort eines großen Theils unserer heutigen Ignoranten.

145.

Ein aufgeklärter Kopf heist itzt gemeiniglich derjenige, der seinen eigenen Ideen
folgt, weder richtig zu denken, noch zu
schließen weis, und nur immer neue Meynungen hören oder vortragen will.

Einen solchen Aufgeklärten kann man
nicht anders betrachten, als einen Kranken, der
eine Art von gelehrter Mondsucht hat, und
zugleich an der epidemischen Neuerungs-
seuche schwer darnieder liegt.

146.

Ich habe junge Studierende, besonders unter den Theologen, gekannt, die sich darum für
aufgeklärt hielten, weil sie dummdreist genug waren, von allen, oder doch den meisten
evangelischen Glaubens-Punkten das Gegentheil
zu behaupten. — Ein wenig Natur-Kennt-
niß von Gott nennten sie Christenthum, und
das Lesen schlüpfriger Romane Studieren.

147.

Diejenigen, welche wir itzt durchaus für die
aufgeklärtesten halten sollen, sind die gelehrten Zeitungsschreiber, bey welchen
mehrentheils ein wenig verdorbener Witz
die Stelle gründlicher Einsichten vertreten muß.
Da sie von der Religion nicht mehr für wahr
annehmen, als was mit ihren eigenen lei-
denschaftlichen Systemen übereinstimmt, so kann
man sich leicht einbilden, von was für einem
Gehalte ihre Urtheile über theologische Schriften seyn müssen.

148.

Wenn die Aufklärung keine bessern
Menschen macht, so ist sie unnütz, macht sie
schlechtere, so ist sie schädlich. Die Erfahrung kann, dünkt mich, jeden lehren, daß
die zu unsern Zeiten so gerühmte Aufklärung
die Menschen, statt sie zu verbessern, vielmehr
verschlimmere. Es läßt sich daher nicht ohne
Grund muthmaßen, daß, wenn man die Welt
so, wie bisher, aufzuklären und zu erleuchten,
fortfähret, zuletzt aller Glaube an Gott, oder
alle Achtung für Religion und gute Sitten daraus verschwinden werde.

149.

149.

Alles ist in unsern Tagen aufgeklärt, alles
erleuchtet, von dem Fürsten bis zum Stall-
knechte, von der Prinzessin bis zur Viehmagd.
Die Nacht der Vorurtheile, (Religion und Ge-
wissenhaftigkeit heißen itzt Vorurtheile,) findet
sich nur noch in wenig düstern Köpfen, welche
dafür von jenen, die sich für erleuchtet halten,
nicht anders betrachtet werden, als mit spötti-
schem Mitleiden oder verächtlichem Achselzucken.

150.

Zu keiner Zeit hat man, wie Geschichte und
Erfahrung beweisen, weniger auf die Religion
gehalten, haben mehr Laster und schändliche Gewohnheiten geherrscht, als in der gegenwärtigen. — Und diese Zeit heißt man erleuchtet und die darinne Lebenden aufgeklärt?—

151.

Wie erleuchtet zu unsern Zeiten die Welt
sey, kann man daraus sehen, daß es bey ihr gar
keine Schande mehr ist, sich den abscheulichsten
Ausbrüchen der Wollust zu überlassen. Man
ist in dieser Art zu denken schon so weit gekommen, daß man sich öffentlich von seinen sogenannten Schwachheiten oder Galanterien so
gleichgiltig, wie vom Wetter unterhält, ja, sogar sich ihrer nicht anders rühmet, als wenn

F 2   von

ron der Ausübung wichtiger Pflichten die Rede
wäre.

152.

Wenn man an den neuerlich geschehenen Un-
fug der holländischen und brabanti-
schen Patrioten denkt, die ihren friedlie-
benden Mitbürgern die Häuser erbrachen, plün-
derten, zerstörten, in Brand steckten, sie selbst
aber beschimpften, mißhandelten, verwundeten,
ums Leben brachten — Wenn man die gegenwärtige französische Revolutions-Ge-
schichte liest, wo man die Leiber der im Tu-
mult erschlagenen Officiere und Magistratsper-
sonen durch die Straßen schleppt, und ihre noch
blutenden Häupter auf Stangen herumträgt,
wo man sich der Laternen-Pfähle, statt der Gal-
gen bedienet, um die verhaßten Royalisten oder
Aristokraten daran zu knüpfen, wo Fischer-Wei-
ber zu Tausenden, wie rasende Bacchantinnen,
herumlaufen, und ihrem Könige die nieder-
trächtigste Behandlung drohen, und wo man
endlich die Zimmer der Königin mit Gewalt er-
bricht, und sie, um nicht im Bette ermordet zu
werden, zur Flucht zwingt — Wenn man von
der schreckenvollen Einnahme Ismails hört,
wo man die jungen Kinder an die Wand schleu-
dert, daß ihr zartes Gehirn weit umher spritzt,

wo

wo man auf hohen Bergen von Leichen herum-
klettert, um noch einen zu suchen, der zu tödten
ist, und wo die unschuldigen Frauenspersonen
erst den viehischen Begierden der Sieger zur Be-
friedigung, und zuletzt ihrer Grausamkeit zum
Opfer dienen müssen — so weis ich in der That
nicht, ob man die Zeiten, worinnen ein Attila,
Tamerlan und Herzog von Alba lebten, nicht
mit mehrerm Recht erleuchtet und menschen-
freundlich nennen könne, als die unsrigen.

153.

Man will es zwar nicht gern eingestehen;
aber das Wort Aufklärung bedeutet (zumal
unter den Protestanten, bey welchen die Religion schon mehr, als zu sehr geläutert ist,) im
Grunde nichts anders, als Freydenkerey
und Unglauben. Doch mit dem Unterschiede,
daß es in dem Munde eines Theologen einen
etwas gemäßigtern Sinn hat, als in dem
Munde eines Weltmanns.

154.

Die Herren Moralisten, Religions-Verbesserer, Welterleuchter und Geistliche vom neuesten Gepräge haben, wie man sagt, Welt
und wissen zu leben. Sie verderben so leicht
keine artige Gesellschaft, wie etwa jene alten
Murrköpfe, die es zu einer Todsünde machen

F 3   woll-

wollten, sich und Andern, auf eine lustige
Art, die Zeit zu vertreiben. Kaum haben unsre
ordinirten Commers-Brüder ihre Amts-
verrichtungen taliter qualiter geendiget, so ver-
tauschen sie ihre schwarzen Röcke mit bunten,
und eilen an solche Oerter, wo Ceres, Bacchus
und Amor oben an sitzen, wo frohe Gesänge,
Scherz und Lachen mit einander abwechseln, und
wo, mit einem Worte, geistliche Gespräche
etwas lächerliches sind. Ich habe mir sagen lassen, daß in einer gewissen deutschen
Hauptstadt die Prediger, theologischen Profes-
sores und Candidaten den Schauspielen, Con-
certen und öffentlichen Versammlungen unge-
scheut beywohnten, und daß man da in keiner
Gesellschaft eher recht aufgeräumt seyn könne,
als bis sich diese Herren darinne hätten sehen
und hören lassen. O erleuchtete Zeiten! O ver-
feinerte Sitten! Ueberall erblickt man eure glänzenden Spuren, nicht nur an der freyern Welt,
sondern auch an der ehrwürdigen Geistlichkeit.
Aber was meynet man wohl, daß so ein Mann,
wie Paulus war, sagen würde, wenn er diejenigen, die seine Nachfolger seyn, und ihn besser als ihre Vorgänger verstehen wollen, zu unsrer Zeit ein dem seinigen so entgegengesetztes
Betragen annehmen sähe? — Was derselbe
sagen

ſagen würde? — Hm! man würde, glaube
ich, ihn ſchwerlich zum Worte kommen laſſen,
oder, daferne er ſeine Meynungen ſchriftlich auf-
ſetzen wollte, dieſelben für eben ſo ver dächtig
und untergeſchoben halten, als ſeine Zeugniſſe von der Gottheit Chriſti.

155.

Nichts klingt in dem Munde der neuern
Theologen lächerlicher, als die Klagen über
die immer mehr und mehr überhand nehmende
Verachtung der Religion und des geiſtlichen
Standes. — Wer iſt denn hieran am meiſten
Schuld? — Wer hat denn mehr Gelegenheit
dazu gegeben, als ſie? —

156.

Die Herren Aufklärer wollen den Pöbel
erleuchten, und von allen Vorurtheilen befreyen.
In dieſer Abſicht entblöden ſie ſich nicht, ihm
bald dieſe, bald jene Glaubenslehre verdächtig zu machen. Der Pöbel, der ohnedem
voller Mißtrauen gegen die Geiſtlichen und voller Begierde nach einem ungebundenen Leben
iſt, geräth hierdurch in eine Art von Argwohne
wider das ganze Chriſtenthum, und nicht nur
wider die orthodoxen Lehrer deſſelben, ſondern
faſt noch mehr wider die Heterodoxen, die er
unaufhörlich daran flicken und beſſern ſieht.

F 4 Er

Er fragt dann nicht mehr, ob es erlaubt sey, weiter zu gehen, sondern er nimmt sich diese Freyheit selbst, geht dreist auf dem, ihm gezeigten, Wege fort, findet nach und nach die Spur der Freygeister, wo er die rechte Quelle des Lichts, daraus seine Aufklärer geschöpft, zu entdecken glaubt, und verlacht am Ende die Religion mit allen ihren Lehrern, sie mögen sich nennen und so aufrichtig stellen, wie sie wollen.

157.

Wenn das Aufklären unter uns so fortwährt, so befürchte ich, daß sich in Deutschland mit der Zeit eine eben so große Revolution, als jetzt in Frankreich, zutragen möchte.

158.

Krispin, der hochgelahrte Mann, der bisher rechtgläubig war, weil er noch nicht wußte, daß es eine Ehre wäre, irrgläubig zu seyn, ist unvermuthet ein Aufklärer und Religions-Verbesserer geworden. Mit der Liturgie oder den Kirchengebräuchen hat er den Anfang gemacht. Nichts findet er bereits abgeschmackter, als Chorhemden, Altarlichter, Priesterfrauen, Taufformeln, Privatbeichten u. dergl. Auch hat er schon hin und wieder versucht, mit gehöriger Dreistigkeit über die Existenz des Teu-

Teufels und die Ewigkeit der Höllen-
strafen zu spotten. Hierbey denket er aber
nicht stehen zu bleiben. Das nächstemal, daß
er wieder in eine Gesellschaft kömmt, worinne
der gute Ton herrscht, ist er Willens, die Lehre
von der Erbsünde und der göttlichen
Strafgerechtigkeit anzugreifen. Glückt
ihm dieses, wie zu vermuthen steht, so soll die
Reihe auch an den heiligen Geist und die
Gottheit Christi kommen. Mit dem Engeln hoft er auch bald fertig zu werden, und
wer weiß, ob er am Ende Gott selber fort-
dauren läßt. Aus dem Himmel, den er für
ein Unding hält, hat er ihn schon. Mit dem
armen Moses will er auch anbinden, und einen Egyptischen Weisen aus ihm machen, der
die Hieroglyphen-Sprache gewußt, und die
Wahrheit, z. B. bey der Geschichte des Sün-
denfalles unter seltsamen Bildern versteckt
habe. — Durch diese und andere dergleichen
Meynungen, auf die er vielleicht noch geräth,
wenn er sehen wird, daß die erstern Beyfall finden, verspricht sich Krispin mit der Zeit den
Ruhm, einer der aufgeklärtesten Köpfe unsers
Jahrhunderts zu heißen, und zugleich das Glück,
entweder Professor der Theologie auf der Uni-

F 5   versität

verſität zu N... oder Hofprediger an einem gewiſſen fürſtlichen Hofe zu werden.

159.

Kennen Sie den kleinen Profeſſor S ch r a n z,
der ſo ſchiebt, wenn er geht und ſein eignes lockig-
tes Haar trägt, das immer ſchneeweiß gepudert
iſt? — Doch wer ſollte einen Mann von ſol-
cher Wichtigkeit nicht kennen? — Er iſt zwar
noch jung, aber erwartet wohl der Verſtand
allemal die Zahl der Jahre? — Schranz iſt ein
frühzeitiges Genie, das ſchon zur völligen Reife
gekommen iſt, wenn Andere noch tief in der
Knoſpe ſtecken. Als er 19 Jahr alt war, ſo
promovirte er bereits in Magiſtrum, predigte
zwey oder dreymal mit Zufriedenheit einiger alten Weiber, die ſeine Zuhörerinnen waren, und
ſtellte ſodann, ohne weitern Zeitverluſt, ein Col-
legium homiletico-practicum an. Bald darauf
bekam er Gönner, ward Profeſſor, borgte ſich
von dem berühmten D. S p e l z, deſſen Verehrer er iſt, eine theologiſche Handſchrift, verän-
derte ſie ein wenig mit Hülfe des T e l l e r ſch e n
W ö r t e r b u ch s und fieng endlich an, darüber,
als über ſeine eigenen Sätze, Collegia zu leſen.
Man verſichert, daß er auf der Katheder eine
eben ſo gute Figur machen, oder ſie ſich doch
wenigſtens zu machen einbilden ſoll, als auf der
Kan-

Kanzel. Uebrigens iſt er ſehr für die Aufklä⸗
rung und das neue Reformations⸗Weſe⸗
ſen eingenommen, und hoffet, daß ſich der
Nutzen deſſelben bald über den ganzen Erdbo⸗
den verbreiten werde. Wider die Andersden⸗
kenden, die er Hohlköpfe nennt, eifert er
bisweilen ſo heftig, daß er kirſchbraun im Ge⸗
ſichte wird, und es kein Wunder wäre, wenn er
ſich eine Ader zerſprengte. Zwar hat die ge⸗
lehrte Welt, außer ein paar theologiſchen Dis⸗
putationen, noch nichts von ihm geſehen; aber
er hat, wie ich von guter Hand weis, einige
ſehr wichtige Abhandlungen, theils erſt unter
der Feder, theils ſchon druckfertig liegen, wo⸗
von ich nur die vornehmſten namhaft machen
will:

1) Allegoriſche Erklärung des Paradieſes,
deſſen Lage und der darinne befindlichen
Bäume, mit Kupfern von Chodowiecki,
dazu er dem Künſtler eheſtens die Zeich⸗
nungen überſenden will.

2) Eine dito von der Schlange, welche
Mutter Even verführte; nebſt einem er⸗
baulichen Geſpräche zwiſchen der böſen
Luſt und der Unſchuld — dem Herrn
D. und Prof. Maulwurf zugeeignet.

3)

3) Einige dergleichen vom Himmel und von der Hölle, von dem Kasten Noah und von dem Thurme zu Babel.

4) Noch eine — von dem Linsengerichte, für welches Esau seine Erstgeburt verkaufte. Der Verfasser ist der Meynung, daß unter der rothen Farbe des Gerichts die Schamhaftigkeit zu verstehen sey, die sich manchmal bey denen äußere, die sich erinnerten, ein moralisches Gut gegen ein physisches vertauscht zu haben.

5) Item, gründlicher und ausführlicher Beweis, daß die Hexe zu Endor ihre Kunst mit einer laterna magica verrichtet.

6) Item, Unwidersprechlicher Beweis, daß die Besessenen zu den Zeiten Christi Personen waren, die das hitzige Gallen- und Magen-Fieber hatten; nebst einem medizinischen Gutachten hier-über.

7) Zuruf an alle Freunde der Aufklärung, den Gebrauch der Orgeln abzuschaffen.

8) Item, Vorschlag zu Einrichtung eines neuen Gesangbuches, dessen sich alle christliche Religionspartheyen, und selbst die Juden, bedienen können.

9)

9) Ueberdieß hat er noch verschiedene Sati-
ren verfertiget, als z. B. eine auf die
Altarlichter, in Versen — eine in Pro-
sa auf den Exorzismus, die noch ful-
minirender klingt, als der Exorzismus selber — eine dergleichen auf die alten Kol-
lecten, die vor dem Altare gesungen werden, und noch verschiedene andere.

Einige dieser Schriften werden bald gedruckt erscheinen, und von der Welt gewiß wohl aufgenommen werden. Mit der Herausgabe der
übrigen aber will er, da ihm das gegenwärtige
Publikum, so aufgeklärt es ist, hierzu doch noch
nicht helle genug denkt, noch eine Zeit lang
warten.

160.

D. Schleichbein, Professor der Theologie zu Olbernhausen, hat, seiner hohlen und
krächzenden Stimme und der zaundürren Moral, die er vorträgt, ungeachtet, eben so vielen
Beyfall im Predigen, als im Vorlesen. Wie er
dazu komme, ist leicht einzusehen. Der, seiner
besondern Meynungen wegen, von ihm einge-
nommene Student lobt ihn dem Künstler und
Handwerker vor. Der gutherzige Künstler und
Handwerker entsaget, um nicht dumm zu scheinen, seinem bessern Gefühle und stimmt in das
laute

laute Studentenlob mit ein. Die zum Nach=
ahmen ohnedem sehr geneigten Frauenzimmer
thun aus eben der Ursache, so oft er predigt,
ein gleiches. Alle flispern einander voll gedan=
kenloser Bewunderung ins Ohr: Ey! ist das
nicht ein göttlicher Mann! — Hört doch, wie
allerliebst er predigt! — Seht, wie leutselig
er um sich herumblickt! — O möchte er doch
alle Sonntage auftreten! — Aber, was ist denn
eigentlich das Allerliebste, womit er in sei=
nen Predigten jedermann so einnimmt? —
Kann mir dieß Niemand sagen? — Frage nicht,
Neugieriger! — Man möchte dir sonst eine eben
so alberne, als beleidigende Antwort geben.
Genug, es wird einmal in dieser Stadt eben so
zur guten Lebensart gerechnet, D. Schleichbei=
nen zu loben, als in der Komödie, einem gewis=
sen Schauspieler, so schlecht oft die Stellen
sind, die er hersagt, zu applaudiren.

161.

Stax, mit dem Zunahmen der Dicke, hat
einen eben so schwerfälligen Geist, als Körper,
und sein Stil, wenn er schreibt, ist nicht leich=
ter. — Haben Sie seine Briefe über die Auf=
klärung gelesen? — Jeder Gedanke darinne
hat die Wassersucht — jedes Wort einen An=
satz zur Schwulst. — Es ist ein wahres Gali=
ma=

mathias, daß er vermuthlich bey einem Anfalle
von Podagra geschrieben, und, ich weis nicht,
warum? in Briefe abgetheilt hat. Denn von
dem Charakter eines Briefs haben sie nichts,
als den Anfang: Hochgeehrtester Herr! und
den Schluß: Gehorsamster Diener. — Für=
wahr! bey einem Manne, wie Stax ist, der
noch eine Reliquie von Egyptischer Finsterniß
im Kopfe hat, war nichts sonderbarer, als der
Einfall, über die Aufklärung zu schreiben. Zu=
dem hatte er, als Pfarrer zu Plumpheim, hier=
zu keinen eigentlichen Beruf. Er konnte dafür
seinen Dezem und seine Zinßhühner aufzeichnen,
oder dasjenige besser durchdenken, was er den
nächsten Sonntag seinen Bauern vorschwatzen
wollte. Ueberdieß verräth er in seiner Schrift
viel Liebe zur Partheylichkeit, da er doch das
Ansehen haben will, ein abgesagter Feind der=
selben zu seyn. Dabey begeht er auch den Feh=
ler, sich selbst zu widersprechen, indem er dem
alten Lehrbegriffe unsrer Kirche zugethan zu
seyn versichert, und doch diejenigen mit Lobes=
erhebungen überschüttet, die ihr einen neuen
aufzudringen, oder einzureden suchen. Kurz,
Stax ist mir mit seinen Briefen ein Räthsel.
Seine Urtheile über die Aufklärung sind, um
unpartheyisch zu seyn, meistentheils schielend.

Ost

Oft scheinet er selbst nicht mehr zu wissen, zu welcher Parthey er gehört. — O möchte sich doch jemand über ihn und seinen eigenen Kopf erbarmen, und ein Licht darinne anzünden, durch welches er hinführo heller denken und schreiben lernte! —

162.

Der Herr Professor Pankraz ist in der That ein rechter Sammelplatz des Sonderbaren. Sehr vieles, was sich sonst nicht zusammen verträgt, oder zu vertragen scheinet, ist in einer lächerlichen Mischung bey ihm anzutreffen. Er ist ein Philosoph und ein Witzling, ein Pedant und ein Stutzer, ein Liebhaber der alten und ein Freund der neuern Sprachen, ein Orthodox und — nein! dahin, um auch ein Heterodox zu werden, hat es Pankraz noch nicht bringen können. Denn da müste der gute Mann die Neuern lesen, sich ein anderes System machen, und alle seine theologischen Manuscripte umschmelzen. Welche Arbeit!

163.

Kilian, der sich so sehr von seiner eigenen Religion entfernt, will die Religionen aller Weltvölker vereinigen. Kilian, der selbst das roheste und ungebildetste Herz besitzt, nimmt sich vor, die Herzen aller seiner Mitbrüder zu ver-

verbeſſern. Kilian, der durch ſeine Schriften
alle Narren klug machen will — habe ich
wohl noch nöthig zu ſagen, daß Kilian ſelber
einer der größten, und ſchwerlich durch irgend
eine Schrift klug zu machen iſt? —

164.

Der gelehrte D. Baſtel bleibt feſt dabey,
(was auch die Vernunft und die Gegner dawi-
der einwenden mögen,) daß der Heiland, indem er von freyen Stücken Geſchichten
vom Teufel erzählet, und teufeliſche Be-
ſitzungen behauptet, im Herzen ganz anders
gedacht, und hiermit nur blos den ungläubigen
Juden nach dem Maule geredet habe. — Wie?
iſt Baſtel nicht ein braver Theologe, der ſeinem
Heilande Ehre macht? — Doch dergleichen
Baſtel giebt es in unſern Tagen gar viele. —

165.

Es giebt itzt ſehr unnatürliche Moden,
in Anſehung der Kleidertrachten, und die Welt
hält ſie dennoch für ſchön. Eben ſo giebt es in
der jetzigen Modetheologie ſehr unbibliſche
Meynungen; und die Welt hält ſie demungeachtet für wahr. — Aber man habe nur Geduld! — Mit der Zeit wird dort die Natur
und hier die Schrift ſchon wieder ihre alten
Rechte behaupten.

G   Itzt

166.

Itzt sind wir in der Periode der Eroberungen. Kein Wunder, daß man auch an dem Teufel zum Ritter werden, und ihm immer ein Stück nach dem andern von seinem Reiche abzwacken will. Wider alles Natur- und Völker-Recht aber ist es, daß ihm einige nicht nur die Hölle entreißen, sondern ihn sogar um sein politisches und moralisches Daseyn bringen wollen.

167.

Die sogenannten Pietisten lächerlich zu machen, gehöret zur elenden Kriegskunst der Religionsspötter. Ein solcher Sieg macht ihnen eben so wenig Ehre, als einem bewaffneten Husaren die Plünderung eines Dorfs, worinne nur noch einige alte Weiber sich befinden, die weiter nichts, als weinen und beten können.

Achtes

Achtes Kapitel.

Von den gelehrten Zeitungsschreibern und Rezensenten.

168.

Das jetzige Rezensions-Wesen gleichet einer Fabrik, worinne Leute von allerley Fähigkeiten ums Lohn arbeiten. Da ein Theil des Publikums noch verblendet genug ist, den elenden Produkten solcher Fabriken seinen Beyfall zu schenken, so können sich die Herren Unternehmer noch zur Zeit auf ein gutes Einkommen dabey Rechnung machen. Die Fabrikanten selber gewinnen mit ihrer Arbeit wenig, kaum das liebe Leben. Kein Wunder, daß es gemeiniglich nur Pfuscher oder Stümper sind, oder daferne ja Leute von Talenten dazu genommen werden, so behandeln doch diese, wegen der schlechten Bezahlung, die sie bekommen, die Sache nur obenhin, und, so zu sagen, maschinenmäßig. Ihr Hauptwerkzeug ist die Feder, die aber nicht durch den Kopf, sondern blos durch die Hand regieret wird. Es ist bekannt, daß ihnen ihre Arbeit Blattweise bezahlt wird, so wie dem Zeugmacher die seinige nach der Elle. Je mehr also ein Rezensent Blätter beschmiert, um desto einträglicher ist sein Handwerk.

G 2

169.

169.

Ein Rezenſent von der gewöhnlichen Art, (denn von andern rede ich hier nicht,) nimmt das Buch, das kritiſirt werden ſoll, gravitätiſch vor ſich, ſieht erſtlich auf den Titel nach dem Nahmen des Verfaſſers, und, nachdem er einen großen oder kleinen, berühmten oder unberühmten darauf findet, oder je nachdem ihm die Materie, zumal wenn ſie theologiſch iſt, gefällt oder nicht gefällt, richtet ſich ſchon zum Voraus ſein ſcharfſinniges Urtheil. Hierauf wird das Buch flüchtig von ihm durchblättert, nach der Bogenzahl, den Abſchnitten, Kapiteln, Paragraphen u. ſ. w. geſehen, hier und da eine gute, oder eine ſchlechte Stelle, ſo wie er ſie zum Lobe oder Tadel des Buchs nöthig hat, ausgehoben, ſich bey einem nicht genugſam beſtimmten Ausdrucke aufgehalten, mit ein wenig Beleſenheit gepralt, ein Körnchen verdorbenen Witz angebracht, und endlich mit der Betheurung, daß Rezenſent ſeine Meynung unpartheyiſch geſagt habe, beſchloſſen.

170.

„Der Autor hat uns in ſeinem Buche nichts „neues geſagt;‟ iſt eine Rezenſenten - Floskel, die in den meiſten Fällen von einer großen Schwäche oder Abweſenheit des Verſtandes zeuget.

get. Iſt denn jeder Autor ein Cook, der neue Länder entdeckt? Oder ſind die Wiſſenſchaften gelehrte Moden, die ſich alle Augenblicke verändern? Ich weis wohl, daß man dieſelben itzt, zumal die theologiſchen und philoſophiſchen, nach dieſem Fuße anzunehmen und zu beurtheilen pfleget; aber aus einer ſtreitigen Gewohnheit läßt ſich noch kein Recht herleiten, und geſetzt, der Philoſoph oder der Theolog könnte auch bisweilen der Welt wirklich etwas neues ſagen, ſo iſt es doch von dieſer ohne Zweifel eine Thorheit, es zu fodern. Mich dünkt, es iſt genug, wenn jedweder Autor das Alte, das er für gut erkennt, auf eine neue oder bequemere Art, als die gewöhnliche iſt, einzukleiden und vorzutragen weis.

171.

Man kann die meiſten gelehrten Zeitungsblätter nicht beſſer, als mit Spucknäpfen vergleichen, worein jeder von der Geſellſchaft den Ueberfluß ſeiner Galle oder den Unflath ſeines Gehirns wirft.

172.

Ein Rezenſent und ein Viſitator haben ſehr viel ähnliches. Sie durchſuchen beyde die Produkte der Menſchen und — laſſen ſich auch beyde gern beſtechen.

G 3

173.

173.

Ich weis nicht, ob der Rezensent, der eine alberne Kritik macht, oder der Leser, der derselben blindlings Glauben beymißt, für dümmer zu halten ist.

174.

Unter meinen ehemaligen Schulkameraden, schrieb mir jüngst ein guter Freund aus B..., war auch der hiesige Herr Prof Wurmbrand. So dumm er in seiner Jugend war, wenn es aufs Lernen nützlicher Wissenschaften ankam, so schlau und verwegen war er doch, wenn es die Ausführung eines boshaften Streiches galt. — Wundern Sie sich nun noch, daß er einer der vornehmsten Mitarbeiter an der allgemeinen — deutschen — gelehrten — kritischen — Bibliothek geworden ist? —

175.

Vor den weltlichen Gerichten ist die Gewohnheit so, daß erst das Rathscollegium den Beklagten verhört und verurtheilt, ehe ihn der Scharfrichter und seine Knechte in die Hände bekommen. Bey der gelehrten Justiz aber ist es gerade umgekehrt. Da fallen die Scharfrichter und ihre Knechte erst über den Beklagten her, ehe der ordentliche Magistrat, oder

oder das Publikum, seine Sache untersuchen, und über ihn ein Urtheil fällen kann.

176.

Ein Kritikus, wie man ihn sonst hatte, und ein Rezensent, wie er itzt ist, sind eben so von einander unterschieden, als der Arzt und der Marktschreyer, oder der Meister und der Pfuscher.

177.

Wenn es wahr ist, was man zu sagen pflegt, daß, je verständiger und weiser einer sey, je demüthiger und bescheidener er seine und Anderer Wissenschaften beurtheile, so folgt daraus ganz unwidersprechlich, daß die meisten Rezensenten, die in ihren Kritiken so vielen Stolz und so viele Unbescheidenheit verrathen, sehr wenig Verstand und noch weniger Klugheit besitzen müssen.

178.

Es ist kein Zorn größer und gefährlicher, als der Zorn eines Gelehrten, und kein Gelehrter zorniger und rachsüchtiger, als ein Rezensent.

1 9.

Es giebt zu allen Zeiten, besonders jetzo, gewisse litterarische Baals; wer seine Knie vor denselben nicht beugen will, der wird von ihren Pfaffen, den Journalisten und Zeitungsschreibern, öffentlich excommuniziret und castigiret.

Neun-

Neuntes Kapitel.

Von den Geistlichen und ihrer Beredtsamkeit.

180.

Ein großer Theil unsrer jetzigen Bothschaf-
ter an Christus Statt ist solchen leichtsinnigen
Bothen gleich, welche den Hauptzweck,
warum sie gesandt werden, vergessen, weil sie
sich mit zu vielen Neben-Aufträgen beladen haben.

181.

Unsre Geistlichen sollen Prediger seyn;
dazu sind sie eigentlich von Gott berufen. Da
sie aber durchaus Redner seyn wollen;
wozu sie Gott nicht berufen hat, so hat dieses
bey ihnen die Folge, daß sie blos reden, aber
nicht predigen.

182.

Ein berufener Diener des Evangelii soll —
und was? — einen schwarzen Rock und gekräu-
selte Haare tragen? — Das kann, und, wenn
es einmal so eingeführt ist, das muß er thun,
um sich nicht auf eine lächerliche Art auszuzeich-
nen. Aber seine eigentliche Bestimmung
ist es nicht; ob ich gleich nicht leugne, daß es
nicht wenig Geistliche gebe, welche diese äußerlichen

lichen Zeichen ihrer Würde für die Würde selbst
halten. — Was muß er also denn thun? —
Moralisiren? — Das konnte Sokrates
auch; dazu brauchte es kein besonderes Evan-
gelium. — Nun! was denn? — Man lasse
sichs einen Apostel sagen! — Er soll, spricht
er, das Amt führen, das die Versöhnung
prediget, und dabey vor allen Dingen den ge-
kreuzigten Christum verkündigen — nicht
mit hohen Worten menschlicher Weisheit, sondern in Beweisung des Geistes und der Kraft.—
Nun! wenn das ist, so möchte ich doch gern
wissen, wofür man diejenigen halten sollte, die
itzt auf unsern Kanzeln stehen, und sich dieses
Worts von Christo und von der Versöhnung schämen, oder ihm wohl gar widersprechen? —

183.

Die geistliche Beredtsamkeit artet zu unsern
Zeiten in ein leeres Wortgepränge aus, bey welchem eine wahre Erbauung eben so wenig, als
ein gründlicher Unterricht statt findet. Denn
über den Worten vergißt man die Sache,
sowohl von Seiten des Lehrers, als des Zu-
hörers.

G 5

184.

Man sieht itzt die Kirche für ein Theater und
den Prediger für einen Schauspieler an. Niemand scheinet fast mehr daran zu denken, daß
derselbe den Beruf hat, uns das Wort Gottes
zu verkündigen, woraus wir Trost und Unterricht schöpfen sollen. Im Gegentheile hält man
ihn für einen Mann, der blos zu unserer Belustigung dienet, und dafür bezahlt wird, uns des
Sonntags eine Stunde lang die Zeit zu vertreiben. Daher glaubt man auch zu einer schar-
fen Kritik über ihn berechtigt zu seyn, die
sich jedoch hauptsächlich nur auf seine Minen,
seine Gestus und die Wendungen, die er seinen
Worten und seinem ganzen Vortrage zu geben
weis, zu erstrecken pfleget. Das übrige, nehmlich der Inhalt seiner Predigt, ist bey den
meisten Zuhörern nicht viel mehr, als Neben-
sache. Sie hören seine Ermahnungen, so kräf-
tig sie auch sind, gleichgiltig mit an, und vergessen sie, ehe sie nach Hause kommen.

185.

Heute, (hörte ich neulich beym Herausge-
hen aus der Kirche einen andächtig gewesenen
Zuhörer zu einem andern sagen,) heute hat sich
unser vortrefflicher Roscius gewissermaaßen
selbst übertroffen! — Welche pathetische Stimme

me! Welcher herrliche Anstand! Welche einneh-
mende Gestus! — Alles harmonirte auf das
genaueste mit dem, was er vortrug. — Be-
merkten Sie wohl den schönen Uebergang von
der Einleitung zum Hauptthema? — Doch muß
ich Ihnen sagen, daß er mir im zweyten Theile
noch besser gefallen hat, als im ersten. — Auch
hätte ich gewünscht, daß er in der Anwendung seinem Vortrage mehr Feuer gegeben
hätte. — Indessen war, im Ganzen genommen, seine Predigt unvergleichlich, und für die
Anfänger ein rechtes Muster. Es ist wahr,
man hört diesem Manne mit Vergnügen zu. Ich
habe heute nicht ein einzigesmal weder gegähnt,
noch nach meiner Uhr gesehen, wie doch sonst
meine Gewohnheit ist, wenn ich einen langwei-
ligen Redner höre. — Diesen Nachmittag wird
der theure M. Blockius auftreten. Da er
aber mein Mann nicht ist, und das Wetter
gut zu seyn scheinet, so werde ich, statt ihn zu
hören, spazieren gehen, und irgendwo eine
Flasche braun Bier trinken. Wollen Sie mir
Ihre angenehme Gesellschaft gönnen? — Ich
bedaure, daß ich die Ihrige entbehren muß. Ich
bin seit gestern schon anderweitig versprochen.
Aber auf den Abend gehe ich zur — Sie wissen schon, zu wem? — Sie kommen doch auch
hin?

hin? — Vielleicht. — Nein! Sie müssen mirs gewiß versprechen! — Nun! ich komme. — Aber
gewiß? — Zuverläßig! — Leben Sie wohl! —

Man urtheile aus diesem Gespräche, dergleichen (nur mit veränderten Worten) fast alle
Sonntage gehalten werden, aus welchem Ge-
sichtspunkte man ißt einen Lehrer des Evangelii
zu betrachten, und was für herrliche Früchte
die neue geistliche Beredtsamkeit hervorzubrin-
gen pflege.

186.

Mancher geistliche Redner wird in einer
Stadt zu einem Chrysostomus gemacht, von
welchem, außer ihren Mauren, kaum jemand
sprechen höret. Dies ist nicht sowohl geradezu
eine Thorheit, als vielmehr eine Art von thörichter Eigenliebe. Die Herren des Orts wollen die Ehre haben, in diesem Fache etwas vor-
treffliches zu besitzen, und sich zugleich auf die
Beurtheilung rednerischer Talente zu verstehen.

187.

Ganz N... lobt die Beredtsamkeit seines
Superintendenten. Kann ganz N... davon urtheilen? — Nein! Aber weil sie die Rathsher-
ren und einige reiche Kaufleute loben, so loben
sie die Frauenzimmer und die ganze übrige Bür-
gerschaft mit.

Wer

188.

Wer sich in seinem Vortrage nicht zu dem
gemeinen Manne und zu solchen Vornehmen,
die oft nicht viel klüger sind, als der gemeine
Mann, herabzulassen weis, dem sollte gar nicht
erlaubt werden, zu predigen, weil er die hierzu
erforderliche Gabe der Deutlichkeit nicht besitzt.
Ich sage hiermit nicht, daß ein Prediger den
allzuniedrigen Volkston annehmen müsse;
nein! ein populärer Vortrag und ein pöbelhaf-
ter sind zwey ganz verschiedene Dinge. So wenig der letztere sich für einen Kanzelredner ge-
ziemet, so sehr kömmt ihm doch der erstere zu,
woferne er anders dem Zwecke seines öffentlichen Lehramts eine Genüge thun will.

„Den gemeinen Mann,“ sagt Luther, der
ohnstreitig hierinne die beste Erfahrung hatte,
„muß man nicht mit hohen, schweren und ver-
„deckten Worten lehren; denn er kann es nicht
„fassen. Es kommen in die Kirchen kleine Kin-
„der, Mägde, alte Frauen und Männer, denen
„ist hohe Lehre nichts nütze, fassen auch nichts
„davon, und wenn sie schon sagen: Ey! er hat
„köstlich Ding gesagt; wenn man sie fraget:
„Was war es denn? sagen sie, ich weis nicht.
„Man muß den armen Leuten sagen: Scapha,
„scapha, ficus, ficus, sie fassens dennoch kaum.“ —

Zehntes

Zehntes Kapitel.
Von den Regenten.

189.

In der alten Welt wählte man sich die Regenten; in der neuern erbt man sie. Dort las
man sich die weisesten und gerechtesten aus; hier
muß man sie annehmen, wie sie sind.

190.

Es giebt Regenten, die gütigen Vätern gleichen; sie sind aber äußerst selten. Es giebt auch
Beherrscher, die strengen Despoten ähneln, dergleichen hat man in Menge. Jenen gehorcht
man freywillig, diesen folgt man aus
Zwang. Gegen die erstern ist der Gehorsam
ein Vergnügen, gegen die letztern ist derselbe
eine Prüfung.

191.

Die Fürsten brauchen, um gelobt zu werden, nur gemeinen Menschenverstand zu besitzen.
Glaubt ihr denn, daß das alles wahr sey, was
man von ihren geistreichen Antworten in
den Zeitungen liest? — Ich glaube das wenigste
hiervon. — Man müßte die Art des alles ver-
größernden Gerüchts und der höfischen Schmeicheley nicht kennen. — Bedenket nur, durch
wie

wie viele Mäuler und Federn eine solche Antwort geht, ehe sie bis zu dem Zeitungsschreiber
kömmt. Diese alle drehen und feilen so lange
daran, bis aus einem erst ganz gemeinen Sinne
nach und nach ein ziemlich witziger wird.

192.

Viele Regenten gehen mit dem L e b e n und
den G ü t e r n ihrer Unterthanen eben so um,
wie mit der Z e i t und ihrem Spielgelde. Sie
fragen nicht viel darnach, ob sie etwas davon
gewinnen oder verlieren, wohl oder übel anwenden.

193.

Der Eroberer kauft Länder und Städte.
Die Münze, womit er sie bezahlt, ist das Blut
seiner Unterthanen. Er handelt selten lange,
ob es ihn ein oder zehn tausend Menschen koste,
das ist ihm gleich viel, daferne er nur seinen
Zweck erreicht.

194.

Die Geschenke der Fürsten sind selten Wirkungen und Beweise ihrer Einsicht und Guther-
zigkeit. Mehrentheils sind Stolz, Ruhmsucht,
Ueppigkeit, Wollust und bloße Phantasie die
wahren Quellen, woraus sie herfließen. Man
gebe nur auf diejenigen Achtung, die gemeiniglich damit begnadigt werden. Sind es nicht

fast

fast lauter Personen, die es entweder nicht verdienen, oder nicht nöthig haben? — Gesandte
und Spione, Generale und Mâtressen, Kam-
merherren und Lackeyen, Kammerjunker
und Hofnarren *), Kastraten und Ballet-
tänzer, Kuriere, die etwas Gutes verkündigen,
welches man ohnedem erfahren haben würde,
und Projectmacher, die zu etwas Bösem rathen,
das, zum Besten des Landes, auf immer ein
Geheimnis bleiben sollte. — Unterdessen giebt
es, dem Himmel sey Dank! auch noch Fürsten,
welche ein wahres Verdienst zu schätzen und zu
belohnen wissen.

195.

Die meisten großen Herren, die schlecht regieren, werden in ihrer Jugend verdorben.
Kaum sind sie aus den Händen der Ammen, so
fallen sie in die Hände der Schmeichler, die ihnen von nichts, als ihrer hohen Geburt, früh-
zeitigen Klugheit, wichtigen Bestimmung, künftigen Souveränität und unumschränkten Will-
führ, von dem blinden Gehorsame, den ein Regent von seinen Völkern zu fodern berechtigt
sey,

*) Diese beyden Ehrentitel sind bisweilen synony-
misch. Wenigstens pfuschen die erstern Herren
den letztern nicht selten ins Handwerk.

sey, u. dergl. vorschwatzen, und sie dadurch in
der Folge vergessen machen, daß sie so gut Menschen sind, und sterben müssen, wie die geringsten von ihren Unterthanen.

196.

Ein Prinzen-Erzieher ist gemeiniglich
der erste Schmeichler seines Eleven. Da er weis,
daß seine jetzige Station, wenn er sich darinne
nach Wunsche beträgt, dereinst mit einem ansehnlichen Gehalte oder Amte abwechseln soll, so
vergöttert er nicht nur die durchlauchtigsten Eltern, sondern auch den durchlauchtigsten Zögling.

197.

Der Stolz ist das erste Gift, das man jungen Prinzen einflößt — die Wollust das zweyte.

198.

Weise Sparsamkeit zieret den Charakter eines
Regenten eben so sehr, als ihn thörichter Geiz,
wenn er sich damit befleckt, verunstaltet.

199.

Ein zur Verschwendung geneigter Landes-
fürst macht seine Unterthanen bey weitem nicht
so unglücklich, als ein dem Geize ergebener. —
Ich nehme hiebey an, daß die Gelder, die ersterer verschwendet, nicht für ausländischen Prunk
hingegeben, oder hungrigen Fremdlingen zuge-
worfen werden, und daß letzterer die beschwer-

H   lichen

lichen Auflagen, wie seine todten Schätze, häuft.

200.

Nie wird ein Regent hinter den wahren Zu-stand seines Landes kommen, so lange er sich bloß auf die ungewissen Berichte seiner Mi-nister verläßt. Ist ihm wirklich daran gelegen, seine Unterthanen glücklich zu machen, und vor allen Bedrückungen zu sichern, so muß er die Mühe nicht scheuen, bisweilen selbst unter ihnen herumzureisen, und dabey erhaben genug den-ken, auch mit den niedrigsten zu reden.

201.

Oft ist der Fürst der einzige im Lande, der nicht weis, daß es unglücklich ist.

202.

Als Philipp, König von Macedonien, einst nicht aufgelegt war, eine gemeine Frau, die sich bey ihm über ein erlittnes Unrecht bekla-gen wollte, anzuhören, so antwortete sie ihm ohn-gefähr folgendes! „Wenn dir es zu beschwer-lich wird, mir und andern Nothleidenden zu helfen, so höre auf, König zu seyn.“— O zu wie vielen tausend Regenten hätte man dies, seit den Zeiten Philipps, zu sagen nöthig gehabt! —

Frie-

203.

Friedrich, der Zweyte, oder der Große, las alle Bittschriften, die bey ihm einliefen, und beantwortete sie auch alle, zum Theil selbst, zum Theil durch seine Geheimschreiber. Bey diesen mühsamen Beschäftigungen entgieng ihm nun freylich viel von der edeln Zeit, die andere seines\gleichen im Genuße sinnlicher Ergötzungen zubringen, aber konnte er wohl dieselbe edler anwenden, als daß er darinne auf die Bitten seiner Unterthanen hörte, der Chikane Einhalt that, der Unschuld Recht sprach, und sich dadurch zu dem allgemeinen Ruhme eines weisen und wohlthätigen Landesvaters berechtigte? — Und doch — welch ein Unglück für die Welt!— hat Friedrich zwar viele Bewunderer, aber wenig Nachahmer gefunden.

204.

Kolbert war ein großer Minister — Hier untersuche ich nicht, ob er unter einem andern Könige eben so groß gewesen seyn würde, noch weniger, ob seine großen Unternehmungen allemal aus der reinsten Quelle entsprangen — Genug! er war es, der Ludewig, dem 14ten, den vielfachen Ruhm, worinne derselbe noch bey der Nachwelt glänzt, größtentheils erwerben half. — Ich würde hier vielleicht Gelegenheit

haben,

haben, von dem großmüthigen Schutze zu reden, welchen er den Gelehrten von ganz Europa ertheilte, und der eigentlich zu Ludewigs Ruhme das meiste beytrug, allein ich befürchte, daß mir, wenn ich ihn deswegen billigermaßen loben wollte, die deutschen Anti-Kolberte den Vorwurf der Partheylichkeit machen, und nichts destoweniger in ihrer Verachtung gegen die Gelehrten fortfahren möchten.

205.

Der Militär-Stand ist die Stütze des Despotism. Aus dieser Ursache schätzen die Monarchen ihn auch höher, als alle übrige Stände des Reichs.

206.

Die meisten großen Herren haben gewisse Diener, die auf eine so feine Art über sie herrschen, daß jene, selbst indem sie diesen gehorchen, noch immer ihren Willen zu haben glauben. — Man nennt solche herrschende Diener Günstlinge.

207.

Oft verwendet ein Fürst auf eine einzige Lustbarkeit so viel Geld, daß hundert arme Familien ein Jahr lang bequem davon leben könnten.

208.

Wenn ein Land schlecht regiert wird, so liegt an

dem

dem Regenten gemeiniglich nur die halbe Schuld. Die andere Hälfte muß gebührender maaßen auf die Rechnung seiner Räthe geschrieben werden.

209.

Ein König ist nicht immer der Glücklichste auf seinem Throne. Er ist es um desto weniger, je feiner sein Gefühl für Natur, Unschuld und Freundschaft ist.

210.

Der Taumel der Sinnlichkeit und das Geräusch leerer Ceremonien, worinne sich ein Fürst unaufhörlich befindet, machen, daß er selten einmal zu sich selbst kömmt, selten einmal über sich nachdenkt, und noch seltner eine wahre Empfindung der Tugend hat.

211.

Es ist nichts, als ein schlauer Kunstgriff des Eigennutzes, wenn Räthe ihren Fürsten glauben machen, daß es seiner hohen Würde zuwider und viel zu beschwerlich für ihn sey, sich um alle Angelegenheiten seines Landes zu bekümmern, sich unter seinen Unterthanen öfters sehen zu lassen, oder denselben wohl gar einen freyen Zutritt zu seinem Throne zu verstatten.

212.

Oft treibt ein einziger Knabe zwanzig Esel mit Prügeln vor sich her. Die dummen Esel!

H 3　　　　Wenn

Wenn sie die Stärke ihrer Hufe kennten und davon Gebrauch zu machen wüßten, so würden sie den Jungen eben so jagen, als der Junge itzt sie. — Diesem Bilde entsprechen viele Beyspiele im weltlichen Regimente, wo es ebenfalls hochgebietende Knaben und unterthänige Esel giebt. — Aber bewundert hier die Weisheit der göttlichen Vorsehung, welch ein, oft noch so sehr gepreßtes, Volk durch eine blöde Furcht im tiefsten Gehorsame zu erhalten weis! —

213.

Das Volk eines großen Reichs ist einer ungeheuren See ähnlich, welche auf allen Seiten mit hohen Dämmen, denen gute Gesetze, oder eine weise und gemäßigte Regierungsform gleichen, eingeschlossen ist. So bald in diese, entweder nach und nach, oder plötzlich, beträchtliche Einbrüche geschehen, so entsteht eine allgemeine Ueberschwemmung, die allenthalben Schrecken und Verwüstung verbreitet. — Der einmal in Wallung gebrachte Pöbel ist dann schwer zu besänftigen, schwer in die Schranken, die er einmal durchbrochen hat, wieder zurückzuführen. Seine schäumende Wuth muß erst verbrausen, und sein heißer Durst nach Rache an denen, die ihn gereizt haben, gestillt werden. Glücklich, wenn dann noch der Unschuldigen, des wehrlosen

sen Geschlechts und Alters geschont wird, wenn
man dabey die Gesalbten des Herrn nicht an-
tastet, und seine Priester und Altäre nicht beleidiget! — Fürsten auf den Thronen! hütet euch,
eure Völker durch Stolz, Verachtung, harte
Auflagen und andere' lieblose Behandlungen
aufs äußerste zu bringen. Säumet dagegen
nicht, ihnen den Zutritt zu euch, auf alle Weise,
zu erleichtern, ihren rechtmäßigen Beschwerden
abzuhelfen, und ihre Herzen durch Sanftmuth
so zu gewinnen, daß ihr vor der Gefahr, sie zu
verlieren, sicher seyn könnet. — Erinnert euch,
daß sich viele wichtige Staatsveränderungen in
der Welt nicht eräugnet haben würden, wenn
die Regenten die großen Pflichten ihres Berufs
nicht vergessen, sich besser um die Verwaltung
ihrer Landesgeschäfte bekümmert, und an ihren
Völkern, nicht wie Tyrannen, sondern wie Väter gehandelt hätten. Erinnert euch — doch
ich traue euch zu, daß euch die alte und neue-
re Geschichte, die so voller warnenden Beyspiele
für euch ist, nicht unbekannt seyn werde. —

214.

Man kann nicht jede Staats-Revolution
oder Regierungs-Veränderung, nicht jedes
Joch-Abschütteln eines gepreßten Volks geradezu für unrechtmäßig und Gott mißfällig erklären.

H 4

klären. Die Herren Schweizer, Holländer und Amerikaner würden sich sonst hierüber sehr beleidigt finden. Uebrigens lese man nur die Geschichte Rehabeams, 1 Kön. 12. wo Gott, statt das Betragen der abgefallenen zehn Stämme Israels zu tadeln, selbiges vielmehr rechtfertiget und bestätiget.

215.

Wahr ists, die Einwohner eines Landes gewinnen selten etwas, wenn sie sich, wie man zu reden pflegt, in Freyheit setzen, oder ihre monarchische Regierungsform in eine aristokratische verwandeln. Ihre Sklaverey wird vielmehr nur dadurch größer. Denn, statt eines Herrn, dem sie sonst gehorchen musten, sind sie nunmehr gezwungen, vielen zu dienen.

216.

Wie nöthig der Menge ein gutes Oberhaupt sey, sieht man besonders im Kriege. Wären da die Soldaten sich selbst überlassen, so würden sie weder eine Schlacht gewinnen, noch eine Festung erobern. Nur die kluge Anführung ihres Befehlshabers kann sie hierzu geschickt machen. Ohne denselben würden sie gar bald in die gröste Verwirrung gerathen — jeder würde befehlen, keiner gehorchen, der eine da, der andere dort hinaus wollen. Der schlaue

Feind

Feind würde diese Unordnung benutzen. — Alles würde verloren gehen.

217.

Fürsten! beklaget euch nicht, daß die Wahrheit so selten vor euren Thron kömmt. Ihr seyd selbst Schuld daran. Es ist wahr, die Schmeichler, diese unverschämten Lobredner eurer Vollkommenheiten und ihrer Treue, suchen dieselbe von euch zu entfernen. Allein — wäret ihr weniger eitel, so wären sie weniger unverschämt.

Eilf=

Eilftes Kapitel.
Von dem Patriotismus.

218.

Man erhebt itzt mehr, als jemals, den Pa=
triotismus, und macht ihn beynahe zu einer
Haupttugend des Christenthums. Gleichwohl
finde ich keinen ausdrücklichen Befehl dazu in
der heil. Schrift; und dieser müste doch um de=
sto deutlicher darinne enthalten seyn, für je
größer und wichtiger man diese sogenannte Tu=
gend ausgiebt.

219.

Die Römer waren die ersten Patrioten.
Von ihnen ist dieses Wort, oder dessen Bedeu=
tung, vermittelst der pedantischen Schulmonar=
chen, welche Cicero's Eifer pro patria fanatisch
gemacht hatte, zu uns gekommen. Allein die
Römer hatten ohnstreitig vielmehr Ursache, als
wir, Patrioten zu seyn; denn jeder Römische
Bürger war Soldat, und folglich war jeder
Römische Soldat ansäßig und focht, wenn
er focht, für sein Eigenthum. Unsre jetzi=
gen Soldaten hingegen sind größtentheils nur
Miethlinge und Leute aus allen Weltge=
genden.

220:

220.

Das Wort Patriot wird auf verschiede=
ne Art erklärt. Einige, besonders die Schmeich=
ler der Höfe, sagen, ein Patriot sey der getreu=
ste Unterthan seines Landesherrn, der willigste
Träger aller Lasten, die sein Herr oder dessen
Minister ihm aufzulegen für gut befinden, der
entschlossenste Vertheidiger aller Souveränitäts=
Rechte, wie auch aller Einfälle, Ansprüche und
Handlungen seines Fürsten, sie mögen gut oder
böse seyn, mit einem Worte, ein gehorsamer
Knecht seines Despoten. —

Andere, die philosophischer und freymüthi=
ger denken, versichern, ein Patriot sey der,
welcher sein Augenmerk nicht blos auf das in=
dividuelle Glück des Regenten, sondern auch
zugleich auf sein eigenes, noch mehr aber auf
die Wohlfarth des ganzen Landes richte, solche
zu befördern trachte, und bey deren Vertheidi=
gung sein Leben wage. Sie behaupten (und,
wie mich dünkt, mit Recht,) daß der Fürst um
des Volks willen, nicht aber das Volk um des
Fürsten willen, da sey, daß dieser eben so wohl,
als jenes, den Gesetzen des Landes gehorchen
müsse, und daß es ihm keinesweges freystehen
könne, die Unterthanen, nach seinem Belieben,
glücklich oder unglücklich zu machen. — —

Was

Was mich anbelangt, ich glaube, daß man einen Patrioten nicht kürzer und richtiger schildern könne, als wenn man sagt, daß er ein Mensch sey, der sich nicht blos in seinem Geburtslande, sondern auch in einem fremden, das er sich zu seinem Aufenthalte gewählt hat, friedlich beträgt, dessen Gesetzen sich unterwirft, dessen Obrigkeit gehorcht, dessen Wohlstand befördert. Mit einem Worte, ein Patriot ist ein guter Bürger, er sey in dem Lande, darinnen er lebt, geboren oder nicht.

221.

Ein paar Fragen, ihr schmeichlerischen Lobredner des Patriotismus: Wie? wenn euer Vaterland ungerecht gegen euch wäre, und euch nöthigte, ein anderes zu suchen, wolltet ihr wohl mit Gewalt da bleiben, um nur die Ehre zu haben, darinne Hungers zu sterben?— Oder daferne euch der Fürst eines andern Landes, das euch wohlthätig aufgenommen hat, wichtige Aufträge ertheilen wollte, die eurem Geburtslande nachtheilig wären, wolltet ihr wohl fanatisch genug denken, durch eine tolle Weigerung diesen guten Fürsten zu beleidigen, blos um ihm und euren undankbaren Landsleuten einen Beweis zu geben, daß ihr schwache Köpfe,

Köpfe, oder, wenn ihr lieber wollet, eifrige
Patrioten wäret? —

Laßt uns noch einige andere Fälle eines solchen Patriotismus untersuchen! — Gesetzt, die
Regenten meines Vaterlandes hätten durch
Pracht und Ueppigkeit oder durch un-
nütze Kriege dasselbe mit Schulden beladen,
sollte ich wohl, um ein Patriot zu heißen, mein
sauer erworbenes Vermögen hingeben, und diese
Schulden damit zu mindern suchen, diese Schulden, die vielleicht in Kurzem auf die vorige Art
wieder zu ihrer ersten Größe anwachsen dürf-
ten? — Oder gesetzt, mein herrschsüchtiger Landesherr wollte sich in einem ungerechten Kriege
Lorbern erfechten, könnte mich wohl der Patriotismus verbinden, ihm in seinen ehrgei-
zigen Absichten beyzustehen, und Gesundheit
und Leben für ihn aufzuopfern? — Ich meyne
nicht!

222.

Alcipp verläßt Haus und Hof, und setzt
Gut und Blut daran, damit sein Landesherr
noch eine Stadt, die er nicht braucht, und die
ihm vielleicht auch nicht gehört, mehr gewinnen soll. Diesem närrischen Eifer giebt er den
Nahmen Patriotismus. — Allein wird
wohl diese Stadt, wenn sie erobert ist, Alcippen
und

und seinen Landesherrn glücklicher machen? —
Werden sie nicht vielmehr beyde, mit Aufopfe-
rung ihrer ganzen Gemüthsruhe, fortfahren,
letzterer nach mehrern Städten, ersterer nach
mehrerm Ruhme zu trachten? — O die Thoren! —

223.

Die Patrioten in Holland und ihre Nachbarn in Brabant und Lüttich, die zu unsern Zeiten so viel Aufsehen in der Welt erregt
haben, gehören unter die Liebhaber grober Aus-
schweifungen, und machen sogar, als Feinde
aller Gesetze und guten Ordnung, dem Patrio-
ten-Nahmen Schande. Sie, und die meisten
Franzosen, die mit ihren bewaffneten Fi-
scher-Weibern bisher so mancherley Greuel
verübt haben, die sie rühmliche Thaten zu
nennen belieben, sind eigentlich Schwärmer,
mit denen es bis zum Rasen gekommen ist.
Ich will ihnen zwar — besonders den letzten
— die Güte ihrer Bewegungsgründe und die
Größe ihres Zwecks keineswegs streitig machen; allein sie gehen in dem, was sie Freyheit nennen, offenbar zu weit, und verwirren
sich selbst in der ungeheuren Menge ihrer Unternehmungen. —

Ein

Ein wahrer Patriot kämpft nicht, wie sie,
mit chimärischen Feinden, oder macht sich ohne
Noth wirkliche *), gegen welche er sich dann
durch eine fanatische Wuth zu wilden Grausam-
keiten hinreißen läßt, sondern er setzt sich, im
Nothfalle, nur denen entgegen, die unge-
scheut darauf umgehen, die Natur- und Lan-
des-Gesetze zu vernichten, ihn seines Eigen-
thums zu berauben, oder in dessen Besitze zu
stören, und das Joch der Sklaverey, das er
bisher geduldig trug, ihm noch schwerer zu
machen.

*) Ich dächte, der Adel hätte in Frankreich eben
so wohl mit der Freyheit bestehen können, als
in England und Holland. Was war es
also nöthig, daß man sich, zumal da die Grund-
schulen derselben noch nicht recht fest stunden, durch
Aufhebung aller adlichen Titel und Würden eine
Menge Feinde über den Hals zog, die sie (jene
Schulen) alle Augenblicke erschüttern, und wieder über den Haufen werfen konnten — ja! dieses vielleicht noch können? —

Zwölftes

Zwölftes Kapitel.

Von der Erziehung und dem Schulwesen.

224.

Man hat seit einigen Jahren stark an der Verbesserung der öffentlichen Schulen gearbeitet, und dazu mancherley scharfsinnige Plane entworfen, die aber alle zur Zeit noch unausgeführt geblieben sind, und es hoffentlich auch noch lange bleiben werden. — Woran es hierbey fehle? — Nicht bloß, wie man vorgiebt, an Muthe, die alten tiefen Vorurtheile zu entwurzeln, oder die einmal eingeführten hartnäckigen Gewohnheiten zu vertilgen, sondern vielmehr (NB. NB.) an Gelde, um den Sold der armen Schullehrer zu erhöhen, die an manchen Orten beynahe verhungern möchten.

225.

Der alte D. Joh. August Ernesti examinirte einst einen Kandidaten der Theologie, welcher Rector in einer mittelmäßigen Stadt in Thüringen werden sollte. Nachdem der Docter verschiedene Fragen an ihn gethan, welche der Kandidat theils nur halb, theils mit Stilleschweigen beantwortet hatte, so fragte er ihn endlich: Wie stark ist Ihr Salarium, als Rector?

Rector? — 150 Thaler, Ihre Magnifizenz! —
Was? nicht mehr, als 150 Thaler? — O da
wissen Sie genug für diesen Dienst! — Da
kann man keinen gelehrtern Mann verlangen. — Gehen Sie in Gottes Nahmen hin.

226.

Statt der alten Pedanterey sucht man itzt
in den Schulen eine neue einzuführen, oder man
giebt, welches eben so viel ist, sich Mühe, eine
Narrheit durch die andere zu verdrängen. —
Mit jener schreckte man die Kinder; mit dieser belustigt man sie.

227.

Es stäubt überall, wo Sand gestreuet wird.
In den alten Schulen ist der Staub etwas
grob, aber um desto weniger schädlich. In den
neuern ist er subtile; zieht aber um desto leichter ins Gehirne.

228.

In Ansehung der äußerlichen Tracht und
Bildung, sind die Bürger der alten und neuern
Schulen ohngefähr so von einander unter-
schieden:

Die erstern tragen entweder schwarze, oder
blaue Mäntel, zum Theil lächerliche Schallau-
nen, welches eine Art altväterischer Mönchs-
kutten ist, einige vier- andere dreyeckichte Hüte,

J   einige

einige schwarze Röcke und weiße Stutzperücken, wieder andere ungepuderte Locken und lange Haarzöpfe, wenige aber Haarbeutel, weil man diese gewissermaaßen mit zu dem Luxus rechnet, welchen man Kindern nicht schon frühzeitig angewöhnen darf. Im Fall sie unartig sind, und guten Worten kein Gehör geben wollen, so werden sie, nach Maaßgabe ihres Verbrechens, entweder mit Verweisen, oder mit der Ausschließung vom Spiele, oder mit dem Carcer, oder auch mit Schlägen bestraft. Uebrigens dürfen sie essen, trinken und schlafen, wie andere vernünftige Leute. Es ist ihnen auch bisweilen erlaubt, bey schönem Wetter spazieren zu gehen, und sich, ihrer Gesundheit zum Besten, allerley Bewegungen zu machen.

Die letztern hingegen, nehmlich die Zöglinge der neuern Schulen, gehen mit den Kleidern, wie die Matrosen, tragen, nebst ihren Lehrern, verschnittene Haare, wie die Markthelfer, runde Hüte, wie die Tyroler, und bunte Bänder in den Schuhen und Beinkleidern, wie die Komödianten; mit dem Halse gehen sie bloß, wie die Kosacken, schlafen auf harten Lagern, wie die Mühlbursche, und üben sich im Laufen und Ringen, wie die Klopffechter. Wenn sie faul sind, so wird ihnen, nach Basedows

Vor-

Vorschrift, der Rücken gebürstet, um die schlum-
mernden Lebensgeister zu erwecken. Bey grö-
bern Verbrechen müssen sie bittere, jedoch un-
schädliche Eßenzen verschlucken, oder mit hungrigen Mägen Andere speisen sehen, und was dergleichen Strafen mehr sind. — Uebrigens will
man sie Dreistigkeit und Anstand lehren, und
macht sie frech. — Ich wünschte mir nicht, einem Haufen solcher jungen Kosmopoliten alleine
zu begegnen, (befände sich auch ihr Lehrer mitten unter ihnen,) aus Furcht, daß sie ihre Frey-
müthigkeit und ihren ungezwungenen, oder vielmehr ausgelassenen Witz auch an mir versuchen
möchten. —

Man halte nun beyde Arten von Pedante-
reyen zusammen, und sage, welche die lächerlichste sey.

229.

Aber vielleicht ist in den neuern Erziehungs-
Anstalten der moralische Unterricht besser? — Vielleicht hat auch der in den Sprachen und Wissenschaften vor dem gewöhnlichen einen Vorzug? — Wir wollen es
hoffen. Allein man behauptet, daß kein wahrer christlicher Religions-Unterricht
darinne gegeben werde, sondern daß das, was
man bisweilen so zu nennen pflege, im Grunde

nichts

nichts anders, als eine kraftlose, tändelnde, und von allen Glaubenslehren abgesonderte Moral sey. — Ohne Zweifel hat diese Behauptung Grund, da es ohnedem bekannt genug ist, daß unsre aufgeklärte und galante Welt das eigentlich so genannte Christenthum nicht recht schmackhaft findet. — Was sollen also, mag man vermuthlich denken, muntern Knaben dunkle Geheimnisse oder unerklärbare Glaubenslehren? — Ob sie vor der Hand wissen, oder nicht wissen, wer Christus gewesen sey, und was er eigentlich auf dem Erdboden gewollt habe? — Das ist für sie weder unterhaltend, noch interessant. Allenfalls kann man ihnen so viel sagen, daß er ein großer Lehrer der Menschen, wie Sokrates, gewesen sey. Dabey mögen sie sich einstweilen beruhigen. Statt dessen unterweise man sie frühzeitig in der Naturlehre, und besonders in der Hebammenkunst, weil diese, nach Basedows Meynung, vorzüglich geschickt ist, die Jugend zur Erkenntniß der Größe und Weisheit Gottes zu führen. Aus dieser Ursache werden auch wirklich, wie man versichert, von verschiedenen neuen Lehrern die Grundsätze hochgedachter Kunst so deutlich vorgetragen, daß die gelehrigen Knaben die Wehmütter im Nothfalle entbehrlich machen können.

Was

Was die Sprachen und Wissenschaften anbelangt, diese werden den neuern Scholaren
ohne den geringsten Zwang, ohne alle Regeln
und, so zu sagen, blos spielend beygebracht.
Daher es gar nicht zu verwundern ist, daß sie
in kurzer Zeit so viel fehlerhaftes Latein plaudern, und von den nöthigsten Wissenschaften so
manche kleine Floskel herstottern lernen.

Ich gebe zu, daß in den alten Schulen der
Unterricht allerdings mit etwas mehrern Um-
schweifen und mit etwas größerer Strenge ge-
trieben werde. Allein dafür lernet man auch
dasjenige, was man lernen soll, mit mehrerer
Gründlichkeit. Kurz, es scheinet, daß man
schon darum vortheilhafter von ihnen, als von
jenen, denken müsse, weil darinne die größesten
Männer, welche die gelehrte Welt je gehabt hat,
erzogen worden sind; welches man von allen
bisher errichteten Pflanzschulen und Treib-
häusern der Jugend schlechterdings noch nicht
behaupten kann.

Es ist endlich auch wahr, daß zur Zeit noch
wenig neue Religions-Meynungen in den
alten Gymnasien vorgetragen werden. Die
gewöhnlichen Katechismen gelten immer noch in
den meisten, und man hat noch überall Kom-
pendien, die sich auf den lutherischen Lehrbegriff

J 3   grün-

gründen. Allein gesetzt, man ließe auch, bey Erklärung der heiligen Schrift, diesen oder jenen Spruch etwas beweisen, das er eigentlich nicht bewiese, so verdreht und verfälscht man doch die Grundwahrheiten des Christenthums nicht, die mit genugsamer Deutlichkeit in derselben anzutreffen sind.

230.

Bey dem weiblichen Geschlechte trägt man mehr Sorge für die Bildung des Leibes, als der Seele. Bey dem männlichen hingegen wendet man mehrern Fleiß auf die Uebung des Gedächtnisses, als des Verstandes. — Aus dieser verkehrten Erziehungs-Methode entspringen die meisten Fehler bey beyden Geschlechtern.

231.

Da man schon den kleinen Mädchen, wegen ihres artigen Gesichts, niedlichen Putzes und naifen Witzes, unaufhörliche Schmeicheleyen vorsagt, und dieselben in der Folge verdoppelt, ungeachtet das zweyte sich oft gar nicht zum ersten, und das dritte sich gar nicht zu den beyden vorhergehenden schickt, so ist der Mangel des Verstandes, und die Liebe zur Eitelkeit bey den Frauenzimmern gar kein Wunder.

232.

232.

Wenn ein Mädchen eine **Coquette** ist, so ist gemeiniglich die Mutter auch eine gewesen, und ist es vielleicht noch.

233.

Man versichert, daß die Mütter mehrentheils die ersten **Kupplerinnen** ihrer Töchter wären. Mich dünkt aber, dieser Ausdruck sey ein wenig zu hart. Ich will dafür lieber sagen: **Gelegenheitsmacherinnen** ihrer verliebten Zeitvertreibe.

234.

Eine gelehrte Erziehung kömmt den Frauenzimmern schon wegen ihrer weiblichen Bestimmung nicht zu, gesetzt, daß auch manche mit einer eben so guten Anlage zum Lernen, als viele Mannspersonen haben, geboren würde.

235.

Eine gelehrte Frau ist das auffallendste Gegenstück von einer guten Hausfrau.

Clophis hat an **Cäcilien** eine wahre Sappho zur Frau, die wegen ihres Witzes, ihrer Belesenheit und ihrer Poesien überall, und selbst in den gelehrten Zeitungen, gelobt wird. Sein Haus ist ein Sammelplatz aller schönen Geister der Stadt, die nicht seinet- sondern Cäcilien we=

gen

gen dahin kommen, die unter ihnen gleichsam
präsidiret. In diesen Versammlungen, die sich
oft tief in die Nacht hinein ziehen, wird theils
von dem Zustande der deutschen Litteratur, in
Vergleichung mit der griechischen und römischen,
theils von den neuesten Produkten des Witzes
gesprochen, die sich sowohl von den Mitgliedern
der Gesellschaft, als auch von einigen andern
berühmten Verfassern herschreiben. Hierüber
möchte Clophis manchmal vor Aergerniß ber-
sten. Aber was will er machen? Will er unvor-
sichtig genug seyn, diesen Herren das Haus zu
verbieten, und sich dadurch ihrem Spotte und
dem Zorne seiner Frau auszusetzen? — Er thut
also wirklich am besten, daß er seinen Verdruß
verbeißt, und sich vielmehr über die Ehre eines
so öftern witzigen Zuspruchs erfreut stellt. —
Hierüber geht nun freylich in seinem Hauswesen alles den Krebsgang. Weil er sehr selten
zu Hause und Madam immer mit den Musen beschäftigt ist, so handelt das leichtfertige Gesinde
indessen nach eigenem Gefallen, vernachläßigt,
veruntrauet, verschleppt, verfrißt, so viel es
nur kann. — Oefters, wenn er von seinen Geschäften des Mittags nach Hause kömmt, so hält
seine gelehrte Gattin, statt einer guten Mahlzeit,
die er erwartet, ein schönes Gedicht in Bereitschaft

schaft, welches sie, ihm vorzulesen, und er anzuhören sich nicht entbrechen kann. Dies nöthiget ihn bisweilen, sich wider seinen Willen ihrer geistreichen Gesellschaft zu entziehen, und
seinen Hunger wo anders zu stillen. — So gut
sie die griechischen und römischen Münzen aller
Art kennt, ingleichen die Brakteaten, die Gem-
men, die Büsten und andere Monumente des
Alterthums, so wenig ist ihr das deutsche Cur-
rantgeld, nebst dem gewöhnlichen Preise der Le-
bensmittel, bekannt; daher ihr der Zufall schon
mehr als einmal begegnet ist, daß sie ein Acht-
groschenstück für ein Viergroschenstück ausgege-
ben, und eine Kanne Butter weit über den gewöhnlichen Marktpreis bezahlt hat. — In der
Nacht, wenn ihr Mann bald ausgeschlafen hat,
legt sie sich oftmals erst, vom Nachsinnen über
eine schwere Stelle im Horaz ermüdet, zu Bette;
schläft aber dafür den andern Morgen desto
länger, und es hat bisweilen schon 9 geschlagen, wenn sie noch, im Beyseyn eines Witzlings
von ihrer Bekanntschaft, den Caffee im Bette
trinkt. —

O ich Unglücklicher! rief zuletzt ihr Mann
aus, als er mir im Vertrauen seine häusliche
Noth klagte. Die verdammten Musen mit
sammt ihrem Apoll, meinem Asmodi! — Ich

J 5   wollte,

wollte, daß meine Frau sie, oder ich meine Frau,
niemals hätte kennen lernen! — Glauben Sie
mir, wenn das so fortgeht, so muß ich ehster Tage
bonis cediren, und auf eine förmliche Eheschei-
dung dringen, die man mir, in Rücksicht der
mich ruinirenden Gelehrsamkeit meiner Frau,
hoffentlich nicht abschlagen wird. — Ich will
sie mit Vergnügen dem Delphischen Leyermanne
überlassen, in den sie so vernarrt zu seyn scheinet. Vielleicht kann er sie besser brauchen, als
ich. —

236.

Eine Erziehung, bey der man sich nichts,
als guter Worte bedienet, um das Böse
in dem kindlichen Herzen auszurotten, ist nur
bey wenig jungen Gemüthern von dem erwünsch-
ten Erfolge. Bey den meisten sind gute Worte
gerade das, woduch sie am widerspenstigsten
und hartnäckigsten gemacht werden.

237.

Wer Kindern, um sie zum Gehorsam und
zum Fleisse zu ermuntern, immer von der Ehre
vorschwatzt, macht sie stolz; wer sie dazu durch
Geschenke zu bewegen sucht, macht sie geizig; wer Näschereyen dazu anwendet, macht
sie gefräßig. — Die besten Mittel zu einer
guten Erziehung bleiben, meines Erachtens,

immer

immer — richtige Grundſätze, lehrreiche Beyſpiele, und (mit den Worten eines göttlichen
Schriftſtellers zu reden) Zucht und Ver-
mahnung zum Herrn.

238.

Rouſſeaus Emil iſt ein bloßes Kind
der Natur, ſelten ein Kind guter Art, und ich
getraue mich zu ſagen, in keinem Verhältniſſe
ſeines Lebens, wenn er ſo bleibt, wie er iſt, ein
Kind Gottes. — Die Schüler Baſedovs
und Salzmanns ſind, wo nicht leibliche,
doch wenigſtens Stiefbrüder des Emils.

239.

Man wird nicht leicht einen härtern Dienſt
finden, als den eines Informators oder Haus-
lehrers. Je vornehmer die Familie iſt, die einen ſolchen Mann hält, je mühſamer und ſkla-
viſcher iſt ſeine Stelle. Man fodert von ihm
faſt alle nur mögliche Naturgaben und Wiſſenſchaften. Viele darunter ſind dem, der ſie fodert, ſelber unbekannt. Zu den meiſten hat der
Zögling, der ſie lernen ſoll, weder Luſt, noch
Fähigkeit. Man befiehlt dem Lehrmeiſter, gegen eingewurzelte Unarten Schärfe zu gebrauchen, und man zürnet mit ihm, wenn er gehorcht. Er ſoll bey allen Gelegenheiten Güte
und Ueberredungsmittel anwenden, und man
giebt

giebt ihm allein die Schuld, wenn ſie nicht an-
ſchlagen wollen. So heilig man ihm auch anfänglich alle Gewalt über ſeine Untergebenen
verſprach, ſo wenig Anſehen läßt man ihm in
der Folge über dieſelben, und ſchreibt doch am
Ende alle Fehler, die ſie begehen, auf ſeine
Rechnung. Er muß ſich vor jedermann im
Hauſe auf das kriechendſte demüthigen, (denn
oft gilt der Diener eben ſoviel bey der Mädam, als
die junge Magd bey dem Herrn,) und gleichwohl
läuft er bey dem kleinſten Verſehen, das man
ihm beymeſſen kann, Gefahr, kaltſinnig verab-
ſchiedet, oder ſchimpflich fortgejagt zu werden. —

Väter! ich rathe euch wohlmeynend: Gebet euren Söhnen, daferne ihr zum Voraus be-
fürchten müßt, daß ſie durch die Armuth genöthigt werden möchten, H a u s l e h r e r zu wer-
ben, ſtatt der Bücher, lieber die Holzaxt, oder
den Dreſchflegel in die Hand. Gewiß! ſie werden dabey weit glücklicher ſeyn, als bey ihrem
Informiren.

240.

Ja! ich gebe es zu, man hat Fälle, wo ein
Hauslehrer mit ſeinem Poſten ſehr wohl zufrieden iſt. Mir ſelbſt ſind einige Beyſpiele bekannt,
darun-

darunter ich meinen Lesern nur folgendes mittheilen will:

Süßmund ist seit 10 Jahren Hofmeister bey dem reichen Baltimor, ohne sich seit dieser langen Zeit ein einziges Mal nach einer andern Stelle, ja nicht einmal nach einem gewissen Amte gesehnt zu haben. Ich wüste auch nicht, was für eine Noth ihn dazu hätte antreiben sollen. Der Gehalt, den er von seinem Herrn Prinzipale öffentlich bekömmt, ist in der That nicht geringe, der aber, welchen seine Frau Prinzipalin ihm heimlich zusteckt, ist noch weit ansehnlicher. Beyde (das muß man sagen,) halten viel auf Süßmunden. Sein Rath gilt in allen Fällen. Fast das ganze Hauswesen hängt von ihm ab. Er läßt, nach Belieben, bauen und einreißen, Obst- und Lust-Gärten anlegen, Teiche ausgraben, Bäume fällen, jagen, fischen, Gerichtstage halten u. dergleichen mehr — und hat bey jedem Schmause, der durch ihn angestellt wird, in Ansehung der Gäste, die dazu eingeladen werden sollen, wenigstens das votum exclusiuum. Mit einem Worte, Süßmund ist in Baltimors Hause eben das, was Joseph ehemals in dem Hause Potiphars war; nur mit dem Unterschiede, daß er dabey mehr auf Ehre hält, als jener,

und,

und, aus Furcht vor einer übeln Nachrede, da
lieber stehen bleibet, wo jener davon lief.

241.

Wie vergnügt der junge Sophronymus
ist! — Es hatte ihm mit seinen Konditionen
bisher immer nicht recht glücken wollen. Nun
hat er (dem Himmel sey Dank!) auf einmal
eine gefunden, in der er nicht nur lange zu bleiben, sondern auch am Ende sein Glück zu machen hofft. Sein neuer Herr Prinzipal, der ein
Mann von Stande ist, und ein ansehnliches
Amt bekleidet, wodurch es ihm einmal, seinen
Informator zu befördern, gar nicht schwer fallen wird, hat ihm jährlich 150 Thlr. Gehalt
ausgesetzt, die Meß- und Weihnachts-Geschenke
ungerechnet. — O wie glücklich bin ich, ruft
Sophronymus aus, daß mich die Vorsehung
in dieses Haus geführt hat! — Wie vornehm
und prächtig geht es nicht darinne zu! — Ich
bin da, in Vergleichung mit meinen vorigen
Stellen, wie im Himmel. — Ich bekomme die
herrlichsten Speisen, habe meine eigene Bedie-
nung, und kann mit meinem jungen Herrn vornehmen, was ich will. Mein Herr Prinzipal
hat mir versprochen, ihn gänzlich meiner Lei-
tung zu überlassen, und die gnädige Frau —
ich glaube noch nicht einmal, daß eine da ist;
wenig-

wenigſtens habe ich noch zur Zeit kein ander
Frauenzimmer im Hauſe geſehen, als eine Kam-
merjungfer. — Armer Sophronymus! Sie
dauren mich. Wiſſen Sie denn wohl, daß Sie
betrogen ſind? — Daß Sie weder 150 Thaler
Gehalt, noch ein Geſchenk, noch eine Verſorgung, noch ſonſt etwas, worauf Sie ſich Rechnung machen, erhalten werden? — Sie wollen das nicht glauben? — Nun! ſo fragen Sie
Ihre Vorgänger! Fragen Sie das Geſinde im
Hauſe! — Alle werden einſtimmig ſagen! Gute Zeit und Verſprechungen bekömmt man bey
dieſem Herrn genug; niemals aber Geld und
Beförderung, man mag ihm dienen, ſo lange
man will.

242.

Können Sie franzöſiſch, italiäniſch, eng-
liſch? — Haben Sie ſich in der Phyſik, Geo-
graphie und Hiſtorie umgeſehen? — Verſtehen
Sie ſich auf die Muſik und das Zeichnen? —
Können Sie im Nothfalle eine Tafel ſerviren? —
Wiſſen Sie — doch rechnen, ſchreiben und ein
wenig Chriſtenthum, darnach will ich Sie gar
nicht fragen; das ſetze ich bey einem ſolchen
Menſchen, wie Sie ſind, voraus. Ich habe
nicht mehr, als drey Jungen, die aber Aufſicht
brauchen. Ich kann ſie nicht länger in der Wild-

niß

niß so herumlaufen laſſen. Sie ſind mir von
dem Profeſſor Wuſten, als ein tüchtiger
Mann empfohlen worden, daher werden Sie
ſie hoffentlich ſchon zur Räſon bringen. Das
Salarium, das ich Ihnen geben will, iſt an-
ſehnlich, und beläuft ſich jährlich auf 50 bis 60
Thaler, welche bald verdient ſind. — Geſchenke
ſind bey mir nicht eingeführt. Auch pflege ich
Niemanden zu verſorgen, weil man oft ſchlechten Dank damit verdienet. — Wollen Sie nun
unter dieſen Bedingungen bey mir Informator
werden, ſo ſagen Sie es kurz. Ich kann mich
nicht lange bey Ihnen aufhalten. Ich habe ge-
ſtern zwey Engländer gekauft — ein Paar
ſchmucke Pferde, ſo wahr ich lebe! — Sie würden ſich ſelbſt freuen, wenn Sie ſie ſehen ſollten.
Sie koſten mich aber auch einen ſchönen Thaler
Geld. Hundert Louisd'ore, mein Herr! das
iſt keine Kleinigkeit.' Doch das ſoll mich gar
nicht dauren, wenn ich nur ſehe, daß ſie gut
einſchlagen. Ich will ſie alleweile in meinen
Phaeton ſpannen laſſen, daher kann ich — Laſſen Sie ſich von nichts abhalten, gnädiger
Herr! Ich wünſche Ihnen die höchſte Zufriedenheit mit Ihrem Kaufe; aber die Ehre, der
Hofmeiſter Ihrer Herren Söhne zu werden, muß
ich ausſchlagen. Dieſe Stelle iſt für mich allein

lein zu wichtig. Es gehören, um sie würdig zu
verwalten, mehrere Personen dazu, wovon beynahe eine jedwede den mir versprochenen Gehalt
verdienen würde. — Ich empfehle mich Ihnen
unterthänig. — — Sch—kerl! Schier dich
zum Teufel! — Deinesgleichen kriege ich in
einer Stunde viere. —

(Eine wahre Szene aus unserm erleuchteten
Jahrhunderte.)

243.

M. Zimber hat ein paar feurige Knaben
zu Untergebenen, wovon der älteste der Liebling
des Vaters, der jüngste hingegen das leibhafte
Muttersöhnchen ist. Diese lieben Kinder raufen
und schlagen sich alle Augenblicke bis aufs Blut
und verklagen sich dann, bald bey dem Informator, bald bey den Eltern. Karl, der älteste,
wendet sich mit seinen Klagen an den Vater;
Fritz, der jüngste, mit den seinigen an die Mutter. Jede Parthey bringt ihre Sache vor dasjenige Gericht, von welchem sie weis, daß sie
der Richter am meisten begünstiget. Die Eltern,
von denen ein Theil dem andern die competen-
tiam iuris et fori streitig macht, werden hierüber
oft dergestalt uneins, daß sie einander, vor den
Ohren der Kinder, die frappantesten Grobhei-
ten sagen. Oft wird so gar, außer dem Infor-

K   mator

uiator, das Gesinde mit in diese Händel gezogen. Zuletzt entsteht hieraus ein offenbares bellum ciuile oder domesticum. Es sind kaum 4 Wochen, daß Zimber in diesem Hause ist; er versichert aber, daß er nicht sagen könne, ob er noch 4 Tage darinne seyn werde. Als sein Prinzipal ihn annahm, geschahe es mit diesen merkwürdigen Worten: „Ich gestehe es, Herr Magister! daß der Posten, den ich Ihnen übergebe, keiner der leichtesten ist. Aber, im Vertrauen auf ihre Klugheit, hoffe ich, daß Sie ihn dennoch gut verwalten werden. Mit Karlen werden Sie so viel Mühe eben nicht haben. Der Junge hat einen muntern Kopf, und ist bey weitem nicht so flüchtig und eigensinnig, wie sein Bruder. Diesen mögen Sie mir immer ein Bißchen scharf halten. Er hat, wie Sie bald selbst sehen werden, gute Aufsicht und Zucht im höchsten Grade nöthig. Das macht die allzugroße Zärtlichkeit seiner Mutter, die der Schelm mißbraucht. Ich, für meine Person, bin ganz wider eine so merkbare Vorliebe. Sie erregt nur gar zu gern Neid und Zank unter den Kindern, und nicht selten die größesten Verdrüßlichkeiten unter den Eltern. Wie gesagt, halten Sie mir Fritzen immer ein wenig scharf, und kehren Sie sich dabey an keine sauren Ge-

sich-

sichter. Ich bin Mann im Hause. Was ich sage, das gilt. Im Uebrigen können Sie in allen Stücken sicher, so wohl auf meinen Beystand, als auch auf meine Erkenntlichkeit rechnen." — — „Ihre gehorsame Dienerin, Herr Magister! war die Anrede seiner Frau Prinzipalin, als er die Ehre hatte, ihr sein Antritts-Kompliment zu machen. Seyn Sie schöne willkommen in unserm Hause. Es ist mir höchst angenehm, Sie kennen zu lernen. Da ich überall so viel Gutes von Ihnen gehört habe, so freue ich mich in der That recht sehr, daß wir endlich einmal so glücklich sind, an Ihnen einen verständigen Informator bekommen zu haben. Die vorigen — wenn ich die Wahrheit sagen soll — schickten sich ganz und gar nicht recht zur Kinderzucht. Sie wusten unter den Temperamenten und Leibesbeschaffenheiten ihrer Untergebenen auch nicht den geringsten Unterschied zu machen. So wollten sie, z. B. Fritzen hier, (er war während dieses Gesprächs hinter sie gekrochen, und gukte ihr bisweilen durch die Arme,) der von Natur schwach und immer kränklich ist, eben so hart behandeln, als Karln, der eine starke Bärhaut hat, und daher eher einen Puff vertragen kann, wie sein Bruder. War das nicht die größeste Unbesonnenheit? —

K 2   Doch

Doch ich weiß wohl, wer am meisten hieran
Schuld war. Mein Mann, sonst Niemand.
Seine Schwäche für den ältesten, die so sichtbar
ist, veranlaßte diese Herren ohnstreitig, ihm durch
ein so unvorsichtiges Betragen schmeicheln zu
wollen. — Machen Sie es ja nicht so, lieber
Herr Magister! Es sollte mir wirklich leid thun,
wenn der Aufenthalt eines so feinen Mannes,
wie Sie sind, in unserm Hause eben deswegen
nicht länger dauern sollte, als der Ihrer Vorgänger." — — Diese letztern Worte waren
ein bedeutender Wink für Zimbern, der ihn
auch völlig verstund, und zugleich mit einem
Blicke die ganze Bedenklichkeit seiner neuen Lage
übersahe. — Aber was wollte er anfangen?
Einmal war er da. Keine andere Kondition
war vorhanden. Nichts zu leben hatte er. Er
muste sich also, so gut er konnte, in sein Verhängniß zu schicken suchen. —

244.

Chrysant, ein sehr geschickter junger
Mann, hat das Unglück, bey dem dicken Ge-
richtsherrn von Ahnenstolz Informator zu
seyn. Dieser würdiget sich zwar bisweilen,
wenn keine Gäste zugegen sind, zu ihm herab,
um mit ihm von allerhand nichtsbedeutenden
Kleinigkeiten zu reden, und ihn dabey nicht sel-

ten

ten auf eine gebietrische Art anzufahren. Ist
aber hochadlicher Besuch da, so läßt er ihn unbemerkt in einem Winkel stehen und richtet, (mit
heimlicher Zufriedenheit desselben,) seine Hasen-
gespräche an seines gleichen.

245.

Man wundere sich nicht, daß die Kinderzucht
gemeiniglich so schlecht ist. Wie kann sie besser
seyn, da die meisten Eltern in ihrer Kindheit
selber keine rechte Erziehung genossen haben,
oder, noch als wirkliche Kinder, die Zucht und
Unterricht brauchten, bereits zu Eltern gewor-
ben sind? —

246.

Eine Erziehung außer dem Hause hat, zumal bey jungen Herren von Stande, vor einer
in demselben allemal die beträchtlichsten Vorzüge. Ich will die Gründe nicht abschreiben, die
Gellert in dem 21sten Briefe seiner ersten
Sammlung deswegen anführet. Man wird
wohl thun, wenn man sich die Mühe nimmt, sie
daselbst nachzulesen. — Was aber einer solchen
auswärtigen Erziehung gemeiniglich im Wege
steht, ist — man kann es leicht errathen, theils
die unmäßige Kinderliebe, theils die am unrech-
ten Orte angebrachte Sparsamkeit der Eltern.

Drey-

Dreyzehntes Kapitel.

Von den Aemtern und der Art, wie viele dazu gelangen.

247.

Die meisten Aemter werden mit Leuten besetzt, die sich nicht dazu geschickt gemacht haben. Selten giebt man das Amt einem Manne. Gemeiniglich versorgt man nur den Mann mit einem Amte.

A.. wird Professor der Dichtkunst, und weis kaum einen Vers zu scandiren, oder das gehörige Sylbenmaaß zu treffen. — B.. soll über die Vernunftlehre lesen, und nichts ist weniger seine Sache, als denken und schließen. — C.. wird mit dem Amte eines öffentlichen Lehrers der Moral begnadigt, und konnte bisher, als Kandidat der Theologie, keine gescheute Predigt machen. Nicht zu gedenken, daß man ihm Schuld giebt, heimlich eben nicht das gesittetste Leben zu führen. — D.. wird zur Professur der Geschichte befördert, und kann kaum sagen, wie viel Kaiser im ersten christlichen Jahrhunderte regiert haben. Am meisten habe ich mich über den Herrn Prof. E... gewundert. Dieser Mann wurde,

seines

feines ſtupiden Kopfs wegen, von ſeinem Vater
zu einem leichten Handwerke beſtimmt, und izt
iſt er Profeſſor der Metaphyſik auf der berühmten Univerſität N.. geworden. — Neulich wurde F.. Profeſſor der orientali-
ſchen Sprachen zu N.., der ſich erſt, als
er dazu ernannt wurde, Zopfens hebräiſche
Grammatik gekauft hat, um ſich mit Hülfe derſelben in dieſer Sprache baldigſt zu einem Lehrer zu bilden. —

Eben ſo iſt es auch im theologiſchen Fache.
— D. Plapper (dieſen will ich immer nennen, weil er ohnedem leicht zu errathen ſeyn
würde,) iſt öffentlicher Lehrer der Gottesge-
lahrheit zu Lichtenfeld, und, ſeiner neuen
biblischen Exegeſe wegen, bey ſeinen Zuhörern
hoch berühmt, ob er gleich von der hebräiſchen
Sprache nicht viel mehr verſteht, als bereſchit
und Vajjomer. Wie kann es auch anders ſeyn?
Er hat ſich in ſeiner Jugend mehr den ſchönen
Wiſſenſchaften, als der Theologie gewidmet,
und, ſtatt der Schriften der Apoſtel, die alten
Profan-Skribenten geleſen. Unſre neue Aufklärung, bey welcher man, beſonders in der
Theologie und Religion, alles alte verwirft
oder verdächtig macht, und an die Stelle gewiſſer Auslegungen bloße Muthmaßungen

L 4

ſezt,

ſetzt, koͤmmt ihm hierbey treflich zu ſtatten.
Dieſer allein hat er es zu verdanken, daß ſo
wohl ſeine theologiſchen Diſputationen, als
auch ſeine bibliſchen Traͤume, die er Bemer-
kungen nennt, reißend abgehen, ſeine Predigten ſorgfaͤltig nachgeſchrieben, und ſeine
Kollegia haͤufig beſucht werden, ungeachtet er
ſich dieſelben, da er ihren Werth ſo gut, als den
Werth des Geldes kenntm, und keinem Zuhoͤrer
einigen Nachlaß verwilligt, theuer genug bezahlen laͤßt.

Paſtor Gimpel (dieſen und alle folgende
kann ich ebenfalls ohne Bedenken nennen, weil
ich ſicher weis, daß ſie die Lektuͤre nicht lieben,
und folglich auch dieſes Buch) ungeleſen laſſen
werden,) Paſtor Gimpel alſo war einige
Jahre Schreiber bey Sr. Excellenz, dem Herrn
Geheimen Rathe von Bockfell, von welchem
er ohnlaͤngſt in aller Geſchwindigkeit ein paar
Monate auf die Univerſitaͤt geſchickt wurde, um
ſich da zur Pfarr-Subſtitution in Krummſtaͤdt,
die ſein hoher Patron zu vergeben hat, eiligſt
vorzubereiten. Er hat auch dieſelbe wirklich, und
kurz darauf ſogar das voͤllige Paſtorat, als ſein
Herr Senior mit Tode abging, erhalten, hat
ſeitdem zwar aufgehoͤrt, der Schreiber ſeines
Patrons zu ſeyn, iſt aber demungeachtet immer
noch

noch ein Schreiber; denn er schreibt alle seine Predigten aus zwey Postillen zusammen.

248.

Jockel, der lustige Stubenbursche von Knarrpetern, mit dem (Jockeln nehmlich) wir immer unsre Noth hatten, wenn wir die Kollegia repetirten, weil ihm nichts in den Kopf wollte — Besinnen Sie sich noch auf ihn? — Mich deucht! — Sie meynen doch den langen Jockel, der sich immer mit zwey Nähter-Mädchen schleppte? — Ganz recht! den meyne ich. — Was denken Sie wohl? Er ist itzt Superintend in S.. geworden, und commandirt mit vieler Autorität 50 gemeine Landpfarren. Ich hätte mir im Leben nichts närrischer träumen lassen. Nicht zum Dorfschulmeister hätte ich ihn gemacht, weil ich geglaubt hätte, die armen Bauerjungen nur mit ihm zu verwahrlosen.

249.

In Hornwich lebt und lehrt itzt ein Pfeiler der Kirche, der lange zu keiner Pfarrstelle gelangen konnte, ob er gleich an allen Orten und Enden seine starke, homiletische Stimme erschallen ließ, bis ihm endlich ein guter Freund den wohlgemeynten Rath gab, sich an eine junge Putzmacherin zu wenden, bey der bisweilen ein sehr vornehmer Mann des Abends einsprach —

K 5   ver-

vermuthlich, um für seine Gemahlin etwas neu-
modisches zu bestellen, und ihr dadurch eine un-
verhoffte Freude zu machen. Trutmann (so
heißt mein nunmehriger Herr Pastor) folgte diesem Rathe, besuchte die fleißige Schöne, klagte
ihr seine Noth, und versprach ihr nach einem
kurzen Wortwechsel, daß, wenn sie ihm durch
ihre vornehme Bekanntschaft eine Pfarre auswirken könnte, seine Versorgung zugleich die ihrige seyn sollte. Wie gesagt, so geschehen. Ohngefähr vier Wochen drauf wurde die einträgli-
che Pfarre in Hornwich erledigt, und Trutmann, mit Vorbeygehung viel geschickterer
Kandidaten, dazu denominiret. Seine Trau-
ung mit der schönen Putzmacherin folgte unmit-
telbar auf seine Anzugspredigt; die Hochzeit
aber richtete ihr beyderseitiger hoher Patron aus,
der sie und ihn noch immer fleißig besucht, um
sich mit ihnen über die besondern Wege der Vorsehung und ihre häusliche Glückseligkeit zu freuen.

250.

Der Schleifwege, sagt Rabener, die zum
geistlichen Schaafstalle führen, sind so viel, daß
man sie nicht alle zählen kann. — Ich will nur
noch ein paar derselben anführen:

M. Schwenkfeld war Rector in einer
kleinen Stadt, und wünschte sich recht sehnlich
eine

eine gute Pfarre. Da er ein Liebhaber von
schönen Blumen und Küchengewächsen war, so
hatte er sich einen Garten, welchen er eigenthüm-
lich besaß, so niedlich zurechte gemacht, daß es
eine Lust war, ihn anzusehen, und die Vornehmsten der Stadt ihn fleißig darinne besuchten.
Unter andern wurde eine adliche Dame, deren
Wohnung gerade an denselben stieß, gar nicht
müde, ihn zu bewundern. Herr Rector! sagte
sie manchmal mit vieler Freundlichkeit zu ihm,
Ihr Garten ist mein Vergnügen. Wenn sie sich
entschließen sollten, denselben zu verkaufen, so
wäre ich die erste Käuferin, die sich dazu an-
böte. — Und Niemand, war immer die Antwort des Herrn Rectors, sollte ihn auch anders bekommen, als Ihre Gnaden, daferne sich
dieser Fall einmal zutragen sollte. Doch glaube
ich, daß derselbe wohl nicht eher, als mit der Veränderung meines Aufenthaltes eintreten dürfte.
Hierbey blieb es von einer Zeit zur andern. Allein da der Herr Rector eines Tages erfuhr, daß
die Dame eine erledigte Pfarre zu besetzen hätte,
die wenigstens noch einmal so viel eintrüge, als
sein armseliges Rectorat, so überlegte er es un-
verzüglich mit seiner Frau, und entschloß sich
mit deren Einwilligung kurz, der Dame seinen
Garten gegen die Vocation zu ihrer Pfarre ab-

zu-

zutreten. Dies geschahe, der Tausch kam zu
Stande, und Schwenkfeld wurde, vermittelst desselben, aus der Schule in die Kirche befördert, in welcher er nunmehr so erbärmlich
predigt, als er ehedem in jener docirte.

251.

Schmalz war eine Zeit lang Vorleser bey
dem Herrn von Stroßwitz, mit welchem er
oft recht herzlich über die empfindlichen Streiche
lachte, die Voltäre, dessen Werke er ihm gemeiniglich vordeklamirte, der christlichen Religion versetzte. Itzt hat ihm derselbe zur Pfarre
in Trampelhausen verholfen, wo er in seinen
Gesprächen und Predigten immer noch, wenn ich
so sagen darf, voltärisirt und stroß-
witzelt.

252.

Ein gewisser Herr, der eine Menge Pfarren
im Lande zu vergeben hatte, hielt sich einen ge-
treuen und verschwiegenen Sekretär, mit welchem die Kandidaten, um erledigte Pfarren zu
bekommen, nur zu wetten brauchten, daß sie sie
nicht bekommen würden — und so bekamen
sie sie. — Doch muß man wissen, daß der bil-
ligdenkende Sekretär, um keinen in Schaden zu
bringen, jedesmal nur einem Kandidaten zu
wetten erlaubte.

253.

253.

Junge Theologen, die ihr gern ins Pre-
digtamt wollt! — Die Zeit, durch orthodoxe
Meynungen in daſſelbe zu gelangen, iſt vorbey.
Lernet daher nach neuen und angenehmern
Grundſätzen predigen — lernet, nach dem Beyſpiele eurer berühmten academiſchen Lehrer, die
ſymboliſchen Bücher und den Eid verachten, den
die öffentlichen Religionslehrer darauf ablegen
müſſen — und eine gute geiſtliche Verſorgung
wird euch nicht fehlen.

254.

Die Art, wie manche zu Hof- und Civilbe-
dienungen gelangen, iſt auch nicht allemal die
rühmlichſte. — Herr von Maßfeld hat ſeinem Fürſten einmal in einer wichtigen Liebesan-
gelegenheit gedient, und wird dafür Staats-
rath, Abgeſandter und zuletzt gar Kabinets-Mi-
niſter. — Herr von Sonnenſchuß hat einmal auf ſeinen Feldern vielen Klee und Türkiſch
Korn erbaut, und wird dafür mit einem Gehalte von 1500 Rthlr. ins Finanz-Kollegium
gezogen, wo er noch ein wenig rechnen und
ſchreiben lernt, und am Ende Finanz-Miniſter
wird. — Herr von Reyhahn hat nicht das
geringſte Verdienſt weiter, als daß er eine ſchöne
Frau hat, und iſt dennoch ſo glücklich, als geheimer

heimer Kammer- und Regierungs-Rath angestellt, und den geschicktesten Kompetenten vorgezogen zu werden. — Hauptmann Strozer
erlegt auf einer Parforce-Jagd von ohngefähr
einen Hirsch, den man lange vergebens verfolgt
hatte, und avancirt dadurch zum Major, wird
hierauf seiner Dienste in Gnaden entlassen, und
als Oberländjäger-Meister versorgt. — Herr
von Limmelovsky hat weder Wissenschaften,
noch gute Sitten, am wenigsten versteht er etwas von Kirchensachen, und dennoch wird er,
einer alten Schuldfoderung wegen, die er an
den Hof hat, und die man hierdurch abzuthun
gedenkt, Geheimer Rath und Consistorial-Prä-
sident. Herr von Peitschenstiel bringt durch
eine glückliche Vermischung einer tartarischen
Stute mit einem maroccanischen Hengste eine
vortreffliche Art von Läufern hervor, und wird
dafür zum Ritter des St. Bucephalus-Ordens
und Oberstallmeister erhoben. — Herr von
Zieraff macht den Harlequin bey Hofe, und
wird zur Belohnung für so wichtige Dienste zum
wirklichen Kammerherrn und Oberhofmarschall
ernannt. — Nimmermehr wäre Herr von
Windkopf Kanzler geworden, wenn sein Vet-
ter nicht der Vertraute des Fürsten und Geheimer Kabinets-Minister gewesen wäre. — Eben

so

so wenig würde der dicke Major von Gott-
fried, der weder Tapferkeit, noch Kriegswis-
senschaft besitzt, Obrister, und in der Folge Ge-
neral geworden seyn, wenn nicht seine Tochter,
ein schönes Hoffräulein gewesen wäre. — Und
was dergleichen Mittel und Gelegenheiten, sich
empor zu schwingen, mehr sind.

255.

Selten befördert die Geschicklichkeit einen
Mann; noch seltener thut es die Tugend. Von
hundert Personen, die in Aemtern sitzen, sind
ihrer gewiß kaum fünfe, von denen man mit
Wahrheit sagen kann, daß sie sie ganz allein ihren persönlichen Verdiensten zu verdanken hätten. Die meisten hat nichts, als das blinde
Glück, oder ein bloser Nebenumstand versorgt.
Bald war es die nachdrückliche Empfehlung
des Geldes, bald die einer angesehenen Familie, bald die eines vielgeltenden Frauenzimmers,
bald aber auch ein dem Gönner geleisteter Dienst,
oder die Kunst zu schmeicheln, oder die Unver-
drossenheit im Laufen und Anhalten, welches die
Hoffnung des Kandidaten erfüllte.

256.

Viele, die befördert werden, lernen in ihren Aemtern erst das, was dazu gehört, sie wenigstens mittelmäßig zu verwalten.

257.

257.

Die Ungeschickten kommen in ihren Aemtern eben sowohl zu rechte, als die Geschickten. Was sie selbst nicht verrichten können, das lassen sie sich für ihr Geld von Andern machen. Es giebt der Klugen genug in der Welt, die sich von der Armuth gezwungen sehen, den Dummen zu fröhnen.

Vier=

Vierzehntes Kapitel.
Von den Gesellschaften.

258.

Die meisten Zusammenkünfte bey Hofe und in der Stadt sind ceremonienmäßig und folglich zwangvoll. Es ist zum Erstaunen, wenn man sieht, wie viel Mühe man sich giebt, unnatürlich und lächerlich zu seyn. Da bücken sich die Herren; da neigen sich die Damen. Da stehen sie vor einander und betrachten sich, oder sitzen gegen einander über und sagen sich allerley Albernes. Wer da ja noch Menschenverstand hat, der muß ihn verleugnen, und auf das Nichts, das ihm gesagt wird, wieder ein Nichts antworten. Anfänglich wird nur wenig und ganz sachte gesprochen. Drauf kommen mit einemmale aller Zungen in Bewegung. Da wird durch einander geplaudert, gelacht, gewitzelt, geprahlt, geschmeichelt, gelogen, verleumdet und gespottet; von einigen nur maschinenmäßig und gedankenlos, von den mehresten aber mit Vorsatz und aus böser Gewohnheit. Plötzlich entsteht unter den Anwesenden ein Gezisch, das Stilleschweigen gebietet. St! der Minister! — Wer? — Ihre Excellenz, der Herr von Leer-

L   haupt

haupt kommen! Mein Herr! treten Sie ein
wenig auf die Seite, damit Ihre Excellenz vorbey können — Man stellt sich ehrerbietig in
zwo Reihen, und begrüßt den Minister mit tiefen Verbeugungen. Nachdem er jedwedem ein
artiges Kompliment gesagt, das er vielleicht
schon tausenden gesagt hat, nimmt er mit einer
Art von Selbstgenügsamkeit die oberste Stelle
ein, die man ihm anbietet. Kaum hat er sich
niedergelassen, so schließen die Herren einen
Kreis um ihn, und setzen sich in Bereitschaft,
alles zu bewundern, was Herr von Leerhaupt
vorzubringen geruhen wird, es sey auch noch so
abgeschmackt. O lieber Leser! was da noch von
der einen Seite gelogen, und von der andern
geschmeichelt wird, das ist mit keiner Feder zu
beschreiben. Willst du dir einen recht deutlichen
Begriff davon machen, nun, so gehe selbst an
einen Hof, oder in eine solche Gesellschaft. Ich,
meines Theils, werde mich hüten, dir dahin zu
folgen. Für einen Menschen, wie ich, der weder prahlen noch schmeicheln kann, ist nichts
besseres, als die Gesellschaft eines Freundes,
oder die Stille der Einsamkeit.

259.

Wer in Gesellschaften wohl gelitten seyn
will, der muß wenig von sich selbst reden, nur
im-

immer Andere von sich reden lassen, der muß
sich, so viel als möglich, vor allen Widersprü-
chen hüten, und mit seinem Lobe weder zu sparsam, noch zu verschwenderisch seyn. Man braucht
nicht eben den groben Schmeichler zu machen;
im Gegentheile beleidiget man oft durch Schmeicheleyen, die sich zu sehr verrathen; sondern
man darf nur das Gespräch auf solche Dinge
lenken, von denen man weiß, daß die Personen,
denen man zu gefallen wünscht, gern zu reden
pflegen. Wer Witz hat, der kann ihn schim-
mern lassen; nur muß er sich hüten, daß er Andere nicht damit zu verdunkeln, zu ärgern oder
zu beschimpfen sucht. Ich habe Leute gekannt,
denen es sonst nicht an Verstande fehlte, die aber
in einer Gesellschaft nicht laut werden konnten,
ohne ihre besten Freunde, die gegenwärtig waren, auf eine Art, die sie für fein hielten, die
aber im Grunde ziemlich plump war, zu s ch r a u-
ben, (wie sie es nannten,) oder vielmehr zu
b e l e i d i g e n. Ihr ganzer unförmlicher Witz
war auf sie gerichtet, und sie machten sie gleichsam zum Ziele, worauf sie, zur Belustigung der
übrigen Gesellschaft, ihre stumpfen Pfeile ab-
schoßen.

Die Gabe, witzig zu scherzen, ist allerdings
etwas angenehmes. Kein Wunder, daß so

viele

viele darauf Anspruch machen. Allein sie ist ein freyes Geschenk der Natur, das noch dazu durch den Verstand und den Umgang sehr ver= bessert werden muß. Die wenigsten haben diese Gabe, oder kultiviren sie gehörig. Viele bil= den sich ein, sie zu besitzen, und werden dadurch unausstehlich. Daß sie dieses nicht selber ge= wahr werden, ist schwer zu begreifen, und ein Beweis ihrer unmäßigen Eigenliebe Denn man darf nur ein wenig auf die Gesichter der Anwe= senden Achtung geben, so wird man sogleich be= merken, ob ihnen unser Umgang anständig ist, oder nicht. Uebrigens ist keine Profession schimpf= licher, als der Harlequin einer Gesellschaft zu seyn.

Doch ich komme wieder auf meinen ersten Satz, und behaupte, daß, wer die Art der mei= sten Menschen kennt und weis, daß sie sich nicht gern nach Andern bequemen, sondern, daß sie vielmehr verlangen, daß sich Andere nach ihnen bequemen sollen, der muß sich, daferne man an seinem Umgange Geschmack finden soll, nach dieser Thorheit (und in der That ist es eine sehr große,) richten, ihnen nichts unangenehmes sa= gen, ihnen vielmehr das sagen, was sie mit Ver= gnügen hören, sie meistentheils allein reden las= sen, und sie öfters an das erinnern, woran sie

gern

gern erinnert seyn wollen. Dies sind, (ich ge-
stehe es,) keine Regeln der Moral; es sind bloß
Regeln der Politik, Regeln für den Umgang.
Einige Beyspiele zur Erläuterung:

Ismene hat kaum den Fuß in eine Gesellschaft gesetzt, so ist ihre Haushaltung das erste,
oder vielmehr das einzige, wovon sie zu sprechen anfängt und stundenlang fortführt. So
wenig ihr Umgang Andern gefallen will, so sehr
gefällt ihr die Gesellschaft derer, die sich überwinden können, ihr zuzuhören.

Lisette ist eine Liebhaberin der neuesten
Moden; wer sie nach solchen fragt, oder die,
welche sie trägt, bewundert, der kann sie gar
leicht gesprächig machen, und sich bey ihr das
Lob eines guten Gesellschafters erwerben.

Klarine spricht von nichts lieber, als von
der vielen Noth, die sie bey ihrem seligen Ehe-
herrn ausgestanden hat. Man darf diese Saite
nur leise berühren, so tönt sie zu ganzen Stunden ununterbrochen fort, und man würde darüber
einschlafen können, ohne daß sie solches in dem
Eifer ihrer Erzählung bemerkte.

Celidor ist in seiner Jugend Premier-Lieu-
tenant gewesen, und mit Hauptmanns-Cha-
rakter verabschiedet worden. Ungeachtet er sich
nur ein einziges Mal bey einer gewissen Action

L 3　　　　　　　　　im

im Hintertreffen befunden hat, so kann er in
Gesellschaften doch nicht müde werden, von den
vielen Occasionen zu reden, bey welchen er Pro=
ben seiner großen Tapferkeit abgelegt haben
will. Man würde Händel mit ihm bekommen,
wenn man sich die Freyheit nehmen wollte, ihm
zu widersprechen, oder ins Wort zu fallen, da
hingegen der sein Herzensfreund und ein rechter
Kenner militärischer Verdienste ist, der in ihm
einen Mann voll Muth und Ehre, einen braven
Vertheidiger seines Vaterlandes erkennt.

Herr Pastor Gotthold läßt sich gern,
entweder nach seinen Beichtkindern, oder nach
seinen Sommerfrüchten fragen, und dann
braucht man weiter nichts, als zuzuhören.

Herr D. Wurzelmann hat beständig
eine Menge Erzählungen von den seltsamen
Wunder=Kuren, die er verrichtet zu haben vor=
giebt, in Bereitschaft, so daß er darüber selten
jemanden zum Worte kommen läßt.

Nicht besser macht es Herr Advokat Chi=
canovius, wenn er auf seine Prozesse und
casus in terminis zu reden kömmt. Er hat mir
bald einmal den Kragen vom Rocke gerissen, als
er mir einen von seinen Criminal=Prozessen er=
zählte, und ich ihm auf die vielen remedia iuris,
die

die er mir dabey herrechnete, nicht aufmerksam
genug zu seyn schien. —

260.

Man kann Schlabermunden einen gan=
zen Abend plaudern hören, ohne am Ende zu
wissen, was er gesagt hat. Er selbst weiß es
zuletzt nicht mehr. Ich habe ihm einmal zuge=
hört, als er eine gewisse Gesellschaft nach seiner
Art unterhielt, und bin über die Mannichfal=
tigkeit seiner Materien und über die Geschwin=
digkeit, mit welcher er darinne abwechselte, er=
staunt. Bald sprach er von sich, bald von der
Witterung, bald von seiner Familie, bald von
seinem Gesinde, bald vom Kriege, bald vom
Frieden. Bisweilen wiederholte er das Gesag=
te, setzte neue Umstände hinzu, widersprach sich,
verfiel auf Stadt=Neuigkeiten, machte Glossen
darüber, lachte aus vollem Halse dazwischen,
kam wieder auf die Witterung, und beschloß
endlich, womit er angefangen hatte, mit einer
rühmlich seyn sollenden Anekdote von sich.

261.

Sie kennen doch Herr Aberwizen? —
Ohne Zweifel! — Wer wollte einen Mann nicht
kennen, der sonst in allen Gesellschaften glänzte,
und alle scherzhaft aufzuheitern suchte? — Itzt
läßt er sich aber in keiner mehr blicken, und ge=

L 4   schieht

schießt es ja bisweilen, so sitzt er darinne, wie
vor den Kopf geschlagen. Welche Veränderung! Was mag wohl die Ursache hiervon
seyn? Haben seine Freunde die Fehler, die er
sonst so beißend durchzog, abgelegt? — Wollen
die Frauenzimmer seine lustigen Einfälle nicht
mehr belachen? — Giebts nichts mehr zu sati-
risiren? — O ja! noch genug. Allein er hat
dieses gefährliche Handwerk, seit ohngefähr 6
Wochen, da ihm ein gewisser unangenehmer
Vorfall begegnete, fahren lassen. Ein junger
Officier, an welchem er damals seinen ausge-
laßnen Witz ebenfalls probieren wollte, verstand unrecht, und gab ihm zur Belohnung ein
paar derbe Ohrfeigen. Diese haben das Nachdenken dergestalt bey ihm rege gemacht, daß er
mit der Vorstellung und Betrachtung derselben
noch immer beschäftigt ist.

262.

Isegrimm kann den Mund nicht aufthun,
ohne mit Anzüglichkeiten um sich herum zu werfen. Selbst, wenn er höflich seyn will, ist er
grob, und läßt Worte mit unter laufen, die
einem das Blut in Wallung bringen. In
Wahrheit! ich will mich tausendmal lieber von
Andern tadeln, als von Isegrimmen loben lassen; denn so gar seine Art zu loben, hat etwas
belei-

beleidigendes. — Es ist einmal seine Gewohnheit so, sagen Sie? — Er meynt es so böse
nicht? — Er hat öfters üble Launen? — Ey!
dem mag seyn, wie ihm will! Wer kann dafür,
daß er sich nichts besseres angewöhnt hat? Genug, sein Betragen ist rauh und ungesittet.
Wie kommen Andere dazu, daß sie sich seine üblen
Launen gefallen lassen sollen? — Unglücks genug für die, denen er zu befehlen hat, und die
daher genöthigt sind, die harten Brocken, die
er ihnen vorwirft, zu verschlucken. Wer aber
in keiner solchen Verbindung mit ihm steht, der
thut nicht besser, als er flieht vor ihm, wie vor
einem Ungeheuer, und läßt ihn brummen und
lärmen, ohne sich nach ihm umzusehen.

263.

Narciß hält sich für die Krone der Gesellschaften, besonders der weiblichen. Er hat eine
so feine Haut im Gesichte, und trägt sich dabey
so niedlich in Kleidern, daß er selbst nicht um-
hin kann, sich über seine Liebenswürdigkeit zu
verwundern. Kaum hat er bey seinem Eintritt
den Anwesenden einige zierliche Verbeugungen
gemacht, so läßt er seine großen Augen schon
überall in der Gesellschaft herumlaufen, um die
Wirkungen seiner angenehmen Person in den
Blicken aller Frauenzimmer zu lesen. Indem er

L 5   hierauf

hierauf seinen Witz (denn Narciß ist nicht blos
schön, sondern auch witzig,) zur Rechten und
Linken mit vieler Freygebigkeit austheilet, findet er an seinen artigen Mienen und an seinem
galanten Anzuge immer etwas zu verschönern,
wozu ihm der nahe Spiegel, dem er sich mit
Fleiß gegen über gestellt hat, von Zeit zu Zeit
Gelegenheit giebt. Bald läßt er seine Augen
eine sanfte, bald eine feurige Sprache reden.
Bald sucht er durch sein Lächeln seinen Wangen
ein Grübchen einzugraben; bald scheint er sich
zu fürchten, den Mund dabey allzuweit zu eröff-
nen. Fast zu gleicher Zeit verbessert er an seinen Manschetten einen unbeträchtlichen Fehler,
den vielleicht außer ihm keine Seele bemerkt haben würde: oder er legt den breiten Busen-
streif zurechte, und liest einige Fäserchen von
den kleinen Rockermeln. Bisweilen zieht er die
goldne Uhr aus der Tasche, ob er gleich schon
weis, welche Zeit es ist, blos um dieselbe andern zu zeigen, und sich damit viel zu wissen:
Oder er spielt mit dem schönen Uhrbande, das
davon herabhängt, oder mit seiner Pariser Mo-
de-Dose, oder mit dem Fächer eines Frauenzimmers, das ihm zur Seite sitzt, und an seinem albernen Betragen Geschmack findet. Die
zärtlichsten Stellen aus den neuesten Romanen
hat

hat er vollkommen inne, und er versteht die
Kunst, sie auf die empfindsamen Schönen in der
Gesellschaft mit Vortheil anzuwenden. — Dieß
ist, ich läugne es nicht, noch kein vollständiges
Gemählde vom liebenswürdigen Narciß. Es
ist nur ein flüchtiger, aber doch ähnlicher Abriß
desselben. Die zur völligen Ausbildung noch
fehlenden Züge wird jeder Kenner, der sich die
Mühe geben will, das Original aufzusuchen,
(und es ist gar nicht schwer zu finden,) von
sich selber hinzufügen können.

264.

Der alte Professor Horst kann immer noch
nicht vergessen, daß er einst jung und galant
gewesen ist. Er besucht noch, so geputzt, wie
ein Stutzer, alle muntere Gesellschaften der
Stadt, und tändelt darinne um die Frauenzimmer herum, wie er vor 30 Jahren gethan hat.
Er ist noch ein größrer Narr, als Narciß.

265.

Sein Herr Kollege, Professor Triangel,
liebt in seinem Alter nur solche Gesellschaften
noch, wo gute Tafel gehalten, und wohlschme-
ckender Rhein=Wein getrunken wird. Er dau-
ret darinne bis auf den letzten Mann aus, und
multiplicirt die Gläser, die er ausleeret, so häufig, daß er endlich die geraden Linien nicht mehr
von

von den krummen unterscheiden kann. Demungeachtet hat er dabey einen gewissen Professor-
Stolz, der ihn auch im frohsten Umgange nicht
verläßt. Wer keinen so hohen Gradum hat, als
er, oder von wem er sich keine Einladung zu
einem festlichen Schmause versprechen kann, den
würdiget er kaum eines Anblicks, oder läßt ihn
mitten in einer Unterredung stehen, um sich in
die Gespräche Anderer zu mischen.

266.

Nichts ist komischer, aber auch bisweilen
verdrüßlicher, als wenn man in einer zahlreichen Gesellschaft ist, wo von tausenderley Materien geredet und gestritten wird. — Treten
Sie näher, mein Freund! und hören einmal
diese vieltönichten Stimmen, wie sie durch einander hinschallen. — Welch verwirrtes und
übertäubendes Geschrey! — Wie viel leere und
nichtsbedeutende Worte! — Was für schleu-
nige und unerwartete Uebergänge von einem
Gegenstande zu dem andern! — Der eine fragt,
ohne zu wissen, was? der andere antwortet,
ohne zu bedenken, worauf? — Soll ich, heist
es, Ihnen meine Meynung aufrichtig sagen? —
Und man sagt hierauf mit vieler Falschheit das
Gegentheil. Man lobt, was man tadelnswürdig, und tadelt, was man lobenswürdig findet.

det. — Das ist zum Erstaunen! schreyt Frau
Damis bey einer ihr schon längst bekannten Sache. Das ist kaum zu begreifen! versetzt Lisette, wenn ihr etwas ganz gemeines erzählt
wird. — Sollte man jene, die sich dort umar-
men, nicht für zwo wahrhaftig biedermännische
Seelen und rechte herzensgute Freunde halten?
— Und gleichwohl weis man zuverläßig, daß
sie die fälschesten Buben von der Welt, und ins-
geheim die bittersten Feinde sind. — Die beyden, die sich hier etwas ins Ohr raunen, sehen
Sie vermuthlich für ein paar Vertraute an, die
einander die wichtigsten Geheimnisse entdecken.
Allein Sie irren sich, wenn Sie dieses muthmaßen. Es sind zwey berüchtigte Stadtplau-
derer, die einander unter dem Siegel der Ver-
schwiegenheit Nachrichten mittheilen, von welchen beynahe schon alle Sperlinge auf den Dä-
chern singen. — Zweifeln Sie nicht daran, versichert der vornehme Windbeutel im galonirten
Staatskleide. Ich halte mein Wort. — So
wahr ich ein ehrlicher Mann bin! betheuret der
wucherische Schelm im geflickten Ober-Rocke.
Sie kennen mich, daß ich Niemanden Unrecht
thue. Mein Gewissen — O das ist zu viel,
mein Freund! Ich habe genug gesehen, genug
gehöret. Lassen Sie uns sogleich aus einer Gesellschaft

ſellſchaft hinwegeilen, welcher ich ohne den áuſ-
ſerſten Zwang nicht länger beywohnen kann.

267.

Der rechtſchaffene Mann ſollte, um ſeinen
Charakter zu behaupten, niemals in vornehme
Geſellſchaften gehen, noch einem größern, als
er iſt, die Aufwartung machen. Denn er be-
giebt ſich dadurch in die augenſcheinlichſte Gefahr, ſein Gewiſſen zu verletzen, und wider ſeine Ueberzeugung zu reden.

268.

Das meiſte, was in einer Geſellſchaft geredet wird, ſind Lügen, die zum Theil in offenbaren Erdichtungen, zum Theil nur in einigen
Vergrößerungen, und falſchen Zuſätzen beſtehen.
Der Zuhörer verhält ſich dabey gemeiniglich dem
Erzähler gemáß, bejahet und bekráftiget, billiget und mißbilliget, je nachdem es ſeine falſche
Höflichkeit, oder ſein máchtiger Eigennutz, oder
ſeine blöde Menſchengefälligkeit heiſchen. Das,
was ſein Gewiſſen dazu ſagt, kömmt dabey wenig in Betrachtung.

269.

Herr Spelz iſt im Umgange ſo zerſtreut,
daß er bald einfältig fragt, bald albern antwortet. Herr Haſtig hingegen iſt auf das,
was Andere ſagen, ſo aufmerkſam, daß er in

allem, was er hört, etwas besonderes sucht,
bald hier einen Witz zu entdecken, bald dort ein
Geheimniß zu finden glaubt. — Dem letztern
ist zu viel, dem erstern zu wenig am Reden
gelegen.

270.

Manche können eine Gesellschaft nicht anders unterhalten, als mit Zoten und schlüpfri-
gen Zweydeutigkeiten: So wie Andere auf keine vernünftigere Art zu scherzen wissen, als auf
Unkosten geistlicher Personen, biblischer Sprüche
und alter Kirchenlieder.

271.

Man trift zuweilen Leute an, die solch un-
sinnig Zeug durch einander reden, und so seltsame Geberden dazu machen, daß man beynahe
auf die Gedanken gerathen sollte, als ob sie den
Verstand verloren hätten. Ein solcher Mann
ist Herr Krauthaase, der, wenn er zumal
ein Glas Aquavit getrunken hat, nicht anders
redet, als wenn er aus dem Tollhause entsprun-
gen wäre. Die meisten Wörter, deren er sich
im Umgange bedienet, gebraucht er falsch, oder
in einer andern, als der gewöhnlichen Bedeu-
tung, behauptet die ungereimtesten Sätze, und
führet eine Menge Sprüchwörter, Beyspiele
und Gleichnisse an, die meistentheils höchst abgeschmackt

geschmackt herauskommen, und sich öfters ganz und gar nicht zur Sache schicken. Unter währendem Reden sind alle Muskeln seines Gesichts in Bewegung. Oft scheinet es so gar, als ob er Convulsionen hätte. Denn er verdreht die großen Augen, ballt die dicken Fäuste, schlägt sich vor die breite Stirn, schüttelt seinen Nachbar, den er mit seinen Erzählungen peiniget, die Schultern, und läßt ihn oft nicht eher in Ruhe, als bis sich derselbe mit Gewalt von ihm losgerissen hat. — Gott bewahre doch vor solchen Gesellschaften jeden rechtschaffenen Mann, jeden Mann von Verstande!

272.

Wieder Andere reden in Gesellschaften von den bekanntesten Dingen in den schwülstigsten Ausdrücken, und deklamiren dabey so pathetisch, als wenn sie auf der Kanzel stünden. Sie sprechen z. B. mit vieler Parrhesie „von der erstaunenswürdigen Seltenheit der Stallfütterung, von der ungemeinen Kostbarkeit des Felddüngers, von dem überschwenglichen Nutzen der Viehmast. Sie preisen die Vortheile eines Landes, wo das Licht der Aufklärung durch alle Wissenschaften schimmert, wo der Ackerbau und das Gewerbe den Mangel verscheuchen, und den Ueberfluß herbeyrufen, eines Landes, wo

die

die Reben die süßesten Weine, und die Ströme
die schmackhaftesten Fische liefern," und was
dergleichen unstreitige Wahrheiten mehr sind.
Das lächerlichste dabey ist, daß sie von einer
Sache oft mit Leuten sprechen, die entweder
gar nichts davon verstehen, oder die, wenn ihnen auch die Materien, wovon sie reden, nicht
unbekannt sind, doch aus ihren hochtrabenden
Worten nicht klug werden können. Einer jungen Liebhaberin der Roman-Lektüre rühmen sie
mit vielem Enthusiasmus die Vortreflichkeit der
Philosophie, und empfehlen ihr zum Zeitvertreibe Kants Kritik der reinen Vernunft.
Einen Oekonomen unterhalten sie von der Kriegs-
Wissenschaft, einen Officier vom Feldbaue, einen
Kaufmann von der Ingenieurkunst, einen Ma-
thematiker von der Poesie. Sie erzählen nicht
selten einer andächtigen Beate etwas zärtliches
und seelenschmelzendes aus Wielands Idris
und Zenide, oder sagen einer verliebten Lais
einige kühne und geistreiche Stellen aus Lava-
ters Aussichten in die Ewigkeit vor.
— Die Stimme, welche sie dabey annehmen,
ist gemeiniglich so affectirt, daß ihre besten
Freunde Mühe haben, sie daran zu erkennen,
und sich in ihrer Gegenwart des Lachens zu
enthalten.

M   273.

273.

Seitdem die Aufklärung in der Welt Mode geworden ist, so ist sie auch in die lustigen Gesellschaften gedrungen. Kaum ist man der launichten Possen, womit man sich darinne zu unterhalten pflegt, ein wenig überdrüßig, so kömmt sogleich das Lob unserer erleuchteten Zeiten auf das Tapet. Man fragt nach neuen Schriften, die gegenwärtige Religions-Verbesserung betreffend, schmählt auf die alten Kirchengesänge und Glaubensbücher, lobt den Hrn. D. Bahrdt und Consorten, als solche, die in der Religion weiter sähen, als tausend Andere, und wünscht dabey das ganze Christenthum bald dahin gebracht zu sehen, wohin es diese erleuchtete Männer so ernstlich zu bringen suchen. Darauf läßt man das Gespräch auf den beliebten Herrn P. Wottreich und seine letzte Sonntagspredigt fallen, versieht sie mit einigen scharfsinnigen Anmerkungen, und bewundert diejenigen Stellen am meisten, welche man am wenigsten verstanden hat. Ist diese Materie erschöpft, so fragt man sich nach den neuesten Romanen, und theilet einander seine Gedanken darüber umständlich mit. Dem einen gefällt der ehrliche Dunkel mit seinen drollichten Meynungen, dem andern die seltsame und abentheuerliche Ge-

schichte

schichte Carls von Carlsberg. Einer hat
sich diese, ein anderer jene gute Sentenz daraus
gemerkt. Endlich kommen auch die Komödien
und Komödianten an die Reihe, denen man
ebenfalls alle nur mögliche Gerechtigkeit wider-
fahren läßt; und eine beträchtliche Menge feiner Urtheile über die zum Theil noch unerleuch-
teten Schneider, Friseure, Bediente und Jungemägde machen den Beschluß.

274.

An mehrern Orten Deutschlands, besonders in einer gewissen Obersächsischen Hauptstadt, welche vor Andern auf den Ruhm der guten Lebensart Anspruch macht, herrscht unter
den Vornehmen, so wie unter den Geringen, eine sehr schwarze Art von Verleumdung. Böses
von Andern zu reden, ist da gleichsam das
Lieblingsgespräch und der allgemeine Modeton.
Kaum haben sich da die Herren und Dames ceremonienmäßig versammelt, so sind, nach den ge-
zenseitigen Gesundheitsumständen, wornach man
sich erkundiget, die Fehler des Nächsten das
erste, was unter ihnen abgehandelt wird. O wie
beredt ist man da! wie unerschöpflich! Wie voller Witz und Scharfsinn! — Nicht das kleinste
Gebrechen eines andern, beträfe es auch nur
Mine und Anzug, kann dem hellen Auge der

Gesell-

Gesellschaft entwischen, noch auf ihrer spitzigen
Zunge Gnade finden. Fremde und Einheimi-
sche, Geistliche und Weltliche, Vettern und
Muhmen, Bediente und Jungemägde, Freunde
und Feinde, alles muß hier durch die Hechel.
Selbst die Anwesenden, wenn sie nach und nach
Abschied nehmen, und kaum den Rücken wenden, bekommen von den Zurückbleibenden gleichsam den Staupbesen. Ist das nicht eine strenge
Justiz? — Oder vielmehr lieblose Härte? —
Doch wie dem auch sey, so können Sie sich dieses immerhin merken, Herr Leser! und wenn
Sie einmal in dieselbe Stadt kommen, oder sich
schon wirklich darinne aufhalten, so suchen Sie
in Gesellschaften ja allemal der erste zu seyn,
welcher kömmt, und der letzte, welcher hinweg-
geht. Ich rathe Ihnen dieses um Ihres eigenen Bestens willen. Denn, (Sie wissen wohl,)
die Hechel und der Staupbesen, welchen Sie
sich im Gegenfalle aussetzen, sind eben so schmerz-
haft, als schimpflich. — Ob man da von Andern sonst gar nichts zu reden wisse, als Böses? — das weis ich Ihnen nicht zu sagen.
Da müssen Sie sich an dem Orte selber erkundi-
gen. Genug, es ist da einmal so Mode, und
dabey bleibt man, ohne das Moralische davon
lange zu untersuchen. — Doch wer weis, wird

da-

daſelbſt die Gewohnheit, Uebels von Andern zu
reden, nicht gar zur beſſernden Menſchenliebe
gerechnet. — Dieſes ſcheinet mir beynahe um
deswillen glaublich zu ſeyn, weil man da in al-
ſten Zuſammenkünften das Wort Menſchenliebe zu einem beſtändigen Looſungsworte gemacht hat. Unter währendem Verläumden führet man es im Munde, und man würde den
mit ſchlechten Farben abmahlen, der es wagen,
und den Einwohnern dieſe Tugend abſprechen
wollte. So verſchiedener Meynung ſie auch
manchmal in andern Dingen ſind, ſo ſtimmen
ſie doch insgeſamt darinne überein, daß ſie in
aufgeklärten und menſchenfreundli-
chen Zeiten leben, und die vielen Mängel
und Schwachheiten ihrer ungebildeten Vorfahren glücklich abgelegt haben. — —

Wie ſich der rechtſchaffne, der Mann von Ver-
ſtande hierbey verhalte? — das iſt leicht zu erach-
ten. Entweder er meidet, (welches ohne Zweifel
das Beſte iſt,) dergleichen Geſellſchaften ganz und
gar: Oder, wenn er ſie dennoch beſuchen, und
der darinne herrſchenden Verleumdungs-Mode
ſich widerſetzen will, entſchließt ſich großmü-
thig, Hechel und Staupbeſen zu verachten, und
ein ſtandhafter Märtyrer der Wahrheit zu
werden.

275.

Es ist wahr, daß mancher gelehrte Mann in dem Umgange mit stolzen Hof- oder reichen Kaufleuten eine schlechte Figur macht. Allein es ist auch eben so gewiß, daß ein alberner Hof- oder eingebildeter Kaufmann in einer Gesell-schaft der Gelehrten eine noch schlimmere Rolle spielt.

276.

Viele Gelehrte sind außer ihrer Sphäre fast zu nichts zu gebrauchen, und selten im Stande, sich mit Ehren in ein politisches, öko-nomisches oder anderes Gespräch zu mischen. Dabey haben sogar manche ein so einfältiges Ansehen und so ungeschickte Manieren, daß sie öfters den Unstudierten Gelegenheit geben, über sie und die ganze Gelehrsamkeit zu spotten. — Wie sehr ist es daher einem jungen Gelehrten zu rathen, sich auch von andern Sachen Kennt-nisse zu erwerben, und durch ein gutes, ge-sellschaftliches Betragen den Unstudierten zu zei-gen, daß sie in diesem Stücke wenig oder gar nichts vor ihm voraushaben! —

277.

Strephon befindet sich in einer Gesell-schaft reicher Thoren, die einander mit vielem Geschreye die Zeit verderben. Bescheiden steht

er da und lächelt zu ihrem ungesalzenen Witze.
Ueber ihn aber, so vernünftig er auch von al-
lem urtheilet, lacht man aus vollem Halse. —
Die Herren wissen es, daß er arm ist. —

278.

Man erlaube sich nie, seinen Spaß mit Personen zu treiben, die es nicht wagen dürfen, in
eben dem Tone, in welchem sie gefragt werden,
zu antworten. Man gewinnet nichts bey ihrem
Stilleschweigen, oder gezwungenem Lächeln.
Ihre Minen geben oft deutlich genug zu erkennen, was ihre Herzen darauf erwiedern.

279.

Friederich, der Große, scherzte bisweilen bey der Tafel mit vielem, aber oft beißen-
dem Witze. Ihm darauf wieder witzig, und
doch nicht beleidigend, zu antworten, dies er-
foderte einen Verstand, der noch den Seinigen
übertraf.

Funf-

Funfzehntes Kapitel.

Vom Stolze.

280.

Der Stolz befleckt die herrlichsten Eigenschaften, die ein Mensch haben kann. Daß Oront ein kluger Staatsmann, Dorant ein scharfsinniger Philosoph, und Sempron ein vortreflicher Redner ist, daß Selinde Schönheit, Cephise Anmuth, und Cleone Witz besitzt, wird Niemand, der diese Personen kennt, in Zweifel ziehen. Aber wer denkt hieran, wenn er ihren Stolz betrachtet, ihren unerträglichen Stolz, der alles das Gute, womit sie außerdem begabt sind, weit überwiegt?

281.

Die meisten Ursachen des Stolzes, wie gering und lächerlich sind sie nicht! — Ich will hier nur einige zum Beweise anführen!

Von Gänsefeld weis sich mit seinen Groß- und Urgroß-Vätern viel, weil dieselben Verdienste hatten, die man noch an ihm verehrt, ungeachtet er keines hat. — Prunklieb hält sich darum für hochachtungswürdiger, als andere Menschen, weil er einen gestickten Rock und eine

eine Treſſenweſte trägt. — Schlappwade
thut ſich auf ſeine Equipage viel zu Gute, und
kann ſich kaum vorſtellen, daß man vor denen
Ehrfurcht haben könne, die zu Fuße gehen. —
Kunz ſieht Steffen darum ſo verächtlich von
der Seite an, weil jener nur 100, er aber 1000
Thaler jährliche Einkünfte hat. — Wiſſen Sie,
warum Roſalie ſeit einigen Tagen, wie ein
Pfau, auf der Straße geht? — Ihr Mann iſt
Rathsherr geworden, und trägt itzt eine Pe-
rücke. — Ohnſtreitig iſt Klimene eines der
ſchönſten Frauenzimmer unſrer Stadt; allein ſie
weis es auch, und nur allzugut, um ſich nichts
darauf einzubilden. O möchte ſie doch bedenken, daß ſie in einigen Wochen häßlich werden
kann, und es in einigen Jahren gewiß wird!—
Blondine, auch eine von unſern Stadtſchön-
heiten, wird beſonders ihrer langen Haare und
kleinen Füße wegen gelobt, und möchte darüber
vor Hochmuth berſten. — Strotz begegnet
ſeinen Subalternen mit dem äußerſten Ueber-
muthe, ungeachtet er ſich das Amt, das ſie
ihm unterthänig macht, auf die niederträchtigſte
Art erſchlichen hat. — Hirnſtaub hat Ho-
mers Batrachomyomachie, oder Fröſche- und
Mäuſe-Krieg, mit Noten edirt, und ſpöttelt daher auf diejenigen Herausgeber, die ſich nur

M 5   noch

noch zur Zeit an den Kornelius Nepos und Cicero's kleine Episteln gewagt haben. — Aus
dem Wege! da kömmt der Herr von Windkopf. An seiner Mine kann man schon seinen
Werth erkennen. Er ist von dem ältesten Abel
im Lande, und kann seinen Söhnen in einem
Stifte, in welchem er will, Domherrenstellen
kaufen. NB. Dies versteht sich nur von denjenigen Söhnen, die er mit seiner rechtmäßigen
Gemahlin erzeugt hat. Die aus der wilden
Ehe sind weder Stifts- noch Erbschaftsfähig,
und werden von ihm blos mit Geschenken ab-
gefunden.

282.

Alciphron könnte als ein reicher Edelmann ruhig auf seinen Gütern leben, und jeden
seiner Pfade mit süßem Wohlthun bezeichnen,
aber nein! die stolze Ruhmbegierde treibt ihn
hinaus ins rastvolle Feld der Ehren, auf den
blutigen Schauplatz des Krieges, wo er Lorbern sucht, und den Tod findet. — Der Thor! —
Wie viel Vergnügen mag er wohl in seinem mit
Waffen gezierten Grabe empfinden, wenn seiner in den Zeitungen und in den Todten-Listen
rühmlich gedacht wird! —

283.

Sehen Sie dort hinter Ihro Durchlaucht den ansehnlichen Mann mit dem kleinen goldnen Schlüssel an der Seite? — Es ist ein Kammerherr, der eben die Aufwartung hat. — Wie demüthig er da steht, und auf die Winke seines Fürsten aufmerksam ist! — Wahrhaftig, es jammert mich, ihn oft zu ganzen Stunden in einerley zwangvollen Stellung zu sehen. — Und gleichwohl hat dieser Mann Vermögen genug, um dieses traurigen Zwangs überhoben zu seyn, und eine Menge eigener Bedienten, die, wenn er zu Hause ist, seine Befehle zu vollziehen, herbeyeilen. — Was bewegt ihn also, Ruhe und Bequemlichkeit zu verachten, und der Diener eines noch größern Herrn zu seyn, als er ist? — Der Stolz, der seltsamste Stolz, der sich nur denken läßt, der seine Sklaven durch wirkliche Unterwerfung und Dienstbarkeit auf der einen Seite erniedriget, um sie auf der andern durch blendende Titel und Ehrenzeichen wieder ein wenig zu erheben.

284.

Der Hochmüthige ist ein eben so großer Thor, als Lasterhafter. Nie wird sich der Kluge auf Vorzüge, die er sich nicht selbst gegeben hat, etwas einbilden, noch sich mit Eigenschaften, die

auch

auch Andere, und öfters in einem weit höhern
Grade haben, brüsten.

285.

Der Stolz kleidet sich in verschiedene Trachten, und deckt sich nicht selten mit dem gefälli-
gen Schleyer der Demuth. — Alcest hat die
bescheidenste Mine, die man nur annehmen kann.
Seine Stimme, die von Natur stark genug ist,
zwingt er zu einem so schwachen und heischern
Tone, daß man ihn sogar in der Nähe zu verstehen Mühe hat. Wenn er auf der Straße er-
scheinet, so geht er nicht anders, als mit ge-
senktem Haupte und niedergeschlagenen Augen.
Sein Tritt ist so leise, als wenn er keine Soh-
len auf den Schuhen hätte. Trägt sich's zu,
daß ihm einige seiner Verehrer begegnen, die
mit tiefen Verbeugungen ihm ihre Ehrfurcht be-
zeugen, so scheinen seine verschämten Blicke sie
gleichsam zu bitten, ihn nicht für den Mann zu
halten, der dergleichen Ehrenbezeugungen von
ihnen erwarte. Der Pöbel, der dieses im Vorbeygehen bemerkt, und der, wie man weis, nur
immer nach dem Aeußerlichen urtheilet, wird hierdurch ungemein erbaut, und kann die Demuth
Alcestens nicht genugsam bewundern. Gewisse
Leute hingegen, die diesen Herrn genauer kennen
wollen, versichern, daß derselbe, trotz seiner be-
schei-

ſcheidenen Mine, troß ſeines leiſen Fußtritts und
ſeiner niedergeſchlagenen Augen, das ſtolzeſte
und eingebildetſte Herz habe, und nur darum ſo
viel Demuth affektire, weil er wiſſe, daß dieſe
Tugend überall hochgeſchätzt werde, und weil
es ihm leichter zu ſeyn dünke, den Schein davon
anzunehmen, als ſich ſie ſelber zu erwerben.

286.

Welche kühne Thorheit iſt es nicht, daß ſich
oft ein einziger Reicher gegen tauſend Arme ſo
brüſtet! — Wollten dieſe ihre natürlichen
Kräfte zu ſeinem Nachtheile vereinigen, wo würde ſein Stolz, wo würde er ſelbſt bleiben? —

287.

Die reichen und vornehmen Unſtudirten mögen, aufgeblaſen von ihrem Gelde und Range,
die dürftigen Gelehrten noch ſo ſehr verachten
und über ſie ſpotten, ſie müſſen doch jederzeit,
wenn eine Sache, worzu Verſtand und Wiſſenſchaften gehören, unterſucht und entſchieden
werden ſoll, zu denſelben ihre Zuflucht nehmen.

288.

*) An das hochgeneigte Publikum
von dem Kuhhirten aus Lämmerfeld.

Nach-

---

*) Da es itzt ſehr gemein wird, die Todesfälle der Sei-
nigen in den Zeitungen bekannt machen zu laſſen, um
wenigſtens die Welt noch von dem Tode dererjeni-
gen,

Nachdem es dem unerforschlichen Rath und
Willen Gottes gefallen, mir meine getreue Ehe-
genoffin Anna Margareta, geb. Schiefhalfin,
aus dem Haufe Schmußbach, nach einem harten und langwierigen Krankenlager von der
Seite zu nehmen, und mich dadurch in den be-
trübten Wittwerftand zu verfetzen, als mache
ich diefen fchmerzlichen Todesfall allen meinen
hochgeehrteften Anverwandten und Freunden
hiermit bekannt und verbitte zugleich alle mündliche und fchriftliche Condolenzen.

Sechs-

gen, von deren Leben fie oft nicht eine Sylbe ge-
wuß hat, zu benachrichtigen, fo hoffe ich, daß man
diefes Avertiffement des ehrlichen Kühhirten aus Lämmerfeld nicht befremdend finden werde.

Sechszehntes Kapitel.
Von der Wollust.

289.

Das Laster der Hurerey ist izt dergestalt ge=
mein, daß man es durchaus keinem rechtschaf=
fenen Manne mehr glauben will, wenn er ver=
sichert, daß er sich dessen jederzeit enthalten
habe.

290.

Es ist nicht blos die Stärke der Leidenschaft,
durch welche die Frauenzimmer zu wollüstigen
Ausschweifungen hingerissen werden. Der Hang
zur Eitelkeit und die Liebe zum Puße bewegen
sie eben sowohl dazu. Wie viele ehrliche Weiber
und Mädchen widerstehen den glattesten Wor=
ten, die ihnen ihre Liebhaber geben, aber einem
schönen Bande, oder Ohrgehenke, oder Zeuge
zu einem neuen Kleide, die sie von ihnen erhalten,
können sie nicht widerstehen! —

Man wird mir verzeihen, wenn ich sage, daß
ich mir unter tausend verheuratheten und
unverheuratheten Frauenspersonen kaum zeh=
ne zu finden getraue, über welche die bloße Liebe
zur Tugend so viel Gewalt hätte, daß sie alle

Aner-

Anerbietungen ihrer Verführer, sie bestehen im
Gelde oder im Putze, mit verdienter Verachtung
zurückweisen könnten.

292.

Man schilt auf eine öffentliche Buhlerin, und
nennt sie eine schändliche Verführerin unerfahr-
ner Jünglinge; und ich glaube, daß man ihr
hiermit keinesweges Unrecht thue. Allein wer
war es denn, der diese Unglückliche zuerst ver-
führt und in Schande gestürzt hat? — War
es nicht vielleicht auch ein schändlicher Verführer unschuldiger Mädchen? —

293.

Manche Mutter verwünscht die Verführerin
ihres Sohnes, die eben sowohl Ursache hätte,
ihren Sohn, als den Verführer jener, zu ver-
wünschen.

294.

Die Regungen der Wollust und ein reifer
Verstand zeigen sich zu einerley Zeit; ohnfehl-
bar deswegen, damit jene an diesem einen Zaum
haben, der sie, wenn sie zu weit gehen wollen,
bedachtsam zurückhält.

233.

Die Liebe ist eine größere Wunderthäte-
rin, als alle Bilder der Heiligen. Sie macht
die Geistlichen galant, die Groben höflich, die

Alten

Alten jung, und die Narren verständig. — Im Gegentheil macht sie eben so oft die Höflichen grob, die Weisen närrisch, und die Frommen gottlos.

296.

Niemand traue, wenn die Rede von Liebe und Wollust ist, dem ehrwürdigen Ansehen, der äußerlichen Ernsthaftigkeit, oder dem mürrischen Alter.

297.

Der Stolz und die Wollust sind zugleich in die Welt gekommen, und die Tyrannen der Menschen geworden. — Vor ihrem Zepter beugen sich alle Nachkommen der ersten Sünder. — Philosophen und Könige, Sklaven und Helden, seufzen in ihren Fesseln. — Die Religion der Christen, die allerheiligste, die nur gedacht werden kann, muß ihre ganze Stärke aufbieten, um in ihren Verehrern die Macht dieser beyden Feinde zu schwächen. — Gott selbst ist nur im Stande, sie in uns alsdann vollkommen zu überwinden, wenn wir unsre fleischerne Hütte einmal abgelegt haben, und in einer andern Welt ganz Geist seyn werden.

298.

Niemals vertraue man sich solchen Personen an, welche entweder der Wollust oder dem

Trun-

Trunke ergeben sind. Beyde sind unvermö-
gend, Geheimnisse zu verschweigen. Sveton erzählt, daß der Kaiser August alle Anschläge
seiner Feinde blos durch deren Weiber oder
Buhlerinnen erforscht habe.

299.

Die Platonische Liebe ist eine bloße
Chimäre, oder man versteht darunter weiter
nichts, als Freundschaft und Hochachtung. Es
giebt schlechterdings keine Liebe des einen
Geschlechts gegen das andere ohne Sinnlichkeit.

300.

Die Profession der Huren kömmt in — immer mehr und mehr in Verfall, so daß fast gar
nichts mehr dabey zu verdienen ist. Die Ursache
ist, weil so viele Dames und Demoisells aus
guten Häusern, ohne die Putzmacherinnen, Kam-
mer- und Junge-Mägde zu rechnen, darein zu
pfuschen pflegen.

301.

Petronius erzählt von gewissen Mädchen, welche sich nicht mehr erinnern konnten,
jemals Jungfern gewesen zu seyn. Das war
zu seinen Zeiten ein Wunder. Zu den meinigen
ist es keines mehr.

Warum

302.

Warum die jungen Mädchen immer so gern allein beysammen sind? — Das will ich Ihnen sagen, mein Herr! — Sie theilen einander das schlauentdeckte Geheimniß der Liebe mit. — Man stirbt nicht davon, sagt die eine. — Ich möchte es doch auch bald versuchen, spricht die andere.

303.

Kinder! seyd nicht einfältig, und glaubt es den Alten, daß es die Religion sey, die sie keusch mache. Es ist blos ihr natürliches Unvermögen.

304.

Nichts ist lächerlicher, als ein Greis, den Amor noch an seinem Narrenseile herumführt, oder eine Alte, in deren Herzen er die längst verglimmte Liebesasche wieder anfacht.

305.

Daß die Kinder so zeitig in der praktischen Kunst zu lieben Kenntnisse erlangen, rühret gemeiniglich von den allzufreyen Reden und Handlungen ihrer Eltern her, welche in ihrer Gegenwart sich oft nicht scheuen, über die geheimsten Dinge des Ehestandes mit ihren Freunden, oder unter sich selbst, sehr verständlich zu scherzen.

306.

306.

Der Hang zur Ueppigkeit und Wollust ver-
dirbt die besten Talente, und macht die, so sie
besitzen, für den Dienst der Welt unbrauch-
bar. — Leichtfus, ein abgesetzter Prediger,
wäre bey seinen herrlichen Naturgaben ohnstreitig einer der verdienstvollesten Lehrer der Kirche
geworden, woferne er seine jugendliche Leidenschaften hätte mäßigen oder im Zaum halten
wollen. Da er sich aber denselben blindlings
überließ, und keinen freundschaftlichen Ermahnungen Gehör gab, so sank er nach und nach
in den Schlamm, in welchem er sich itzt herum-
wälzt, und er, welcher dem geistlichen Stande
gewiß zum Muster und zur Zierde hätte dienen
können, dienet nunmehr demselben zur War-
nung und zur Schande. Tausenderley Glücks-
plane schuf er sich. Sie mißlungen ihm alle.
Zuletzt machte er eine Art von Banquerott,
und ist itzt, wie ich höre, im Begriff, sein Heil
in Amerika zu versuchen.

307.

Renegatus Freysinn, der Compag-
non von jenem, verliert sein geistliches Amt darum, weil eine Buhlschwester den Umgang, den
er mit ihr gehabt, nicht verschweigen konnte.
Daß er ein großes Genie ist, daß er viel Wissen

senschaften besitzt, daß er zu einem Prediger geboren zu seyn scheinet, ist zwar stadtkundig,
aber, ihn vor seinem Falle zu schützen, nicht
hinlänglich. — Was soll er nun anfangen? —
Graben mag er nicht, so schämt er sich zu bet-
teln. — Soll er ein neues Pfarramt suchen?—
Wo, da ihn Fama mit ihren Mislauten überall verfolgt? — Soll er umsatteln, und die
Rechte studieren? — Hierzu ist es nicht mehr
Zeit für ihn. — Was denn? — Bücher schreiben? — Ein schlechtes Nahrungsmittel, wahrhaftig! und gleichwohl immer noch das einzige
für solche Unglückliche. — Aber was für Bücher kann man ihm wohl rathen zu schreiben? —
Theologische? — Hm! als wenn man sonst
nichts schreiben könnte! Kann er sich nicht vielmehr in das itzt so beliebte ökonomische
Fach werfen? — Kann er nicht ein Recensent werden? — Die litterarische Gesellschaft
zu Tollheim nimmt gern billige Mitarbeiter an.
— Indessen will er ja was theologisches schreiben; nur nichts orthodoxes, nichts altgläubi-
ges. — Hiermit ist man der Welt nicht mehr
willkommen. — Wer ihr gefallen will, der muß
neue Meynungen erfinden, neue Schrifterklärun-
gen wagen, je paradoxer je besser. — Freysinn, kennet den Geschmack der Welt, und

N 3   schrei-

schreibet demselben gemäß. Doch schonet er noch anfänglich das Wesentliche der Religion, und hält sich mit seinen Kritiken blos bey Nebendingen auf. Vielleicht würde er auch, wie mancher Andere, dabey stehen bleiben, woferne die Wiederbeförderung zu einem Amte, worauf er sich Rechnung macht, erfolgte. Da aber dieselbe von einer Zeit zur andern außenbleibt, und der Zustand seiner Finanzen immer bedenklicher wird, so geht er in seiner Dreistigkeit weiter, bezweifelt bald diese, verwirft bald jene Grundlehre des Christenthums, und macht lächerlich, was Andern ehrwürdig ist. Nicht, als ob sein Herz von dem, was seine Feder behauptete, überzeugt wäre, nein! er verstattet derselben blos darum so viel Freyheit, weil er hierdurch als Professor, Hofprediger, oder Probst, sein Glück zu machen hoft, und weil er weis, daß schon mancher vor ihm auf diese Art das seinige gemacht hat. Er betrügt sich inzwischen in seiner Hoffnung; man sendet ihm keinen auswärtigen Ruf, und die Anfälle des Hungers werden stärker. Solche Umstände, ich leugne es nicht, sind verzweifelt. Was soll Freysinn darinne thun? — Zurückgehen? — Darzu ist er schon zu weit gegangen. — Wiederrufen? — Darzu ist er zu stolz, zu verhärtet.

tet. Seine Seele hat sich an das, was er erst
wider seine Ueberzeugung, aus bloßer Menschen-
gefälligkeit, schrieb, nach und nach gewöhnt, so
daß er es nunmehr wirklich für wahr, oder doch
für wahrscheinlicher hält, als das Gegentheil. —
Kurz, er ist nun völlig verblendet und geräth,
so vieler fehlgeschlagenen Hoffnungen wegen, in
eine Art von Wuth, in der er sich an Gott und
Menschen zu rächen sucht. Staat und Kirche,
Religion und Obrigkeit, Vornehme und Geringe, alles behandelt er gleich. Nichts ist seiner verwegenen Feder zu heilig; sie vergreift sich
an allem. — Sein Lohn am Ende? — Man
sollte vielleicht denken, der Spittel, oder das
Zuchthaus. Aber man irret sich, wenn man
dieses muthmaaßet. Die Welt sieht plötzlich ein,
daß die Religion zu viel gewinnen würde, wenn
er nicht wäre, und sucht ihn zu erhalten. Er
bekömmt unvermuthet Gönner, die ihn der
Gnade des Fürsten empfehlen — ihm bey demselben eine Pension auswirken — und vielleicht
gar nach dem Tode eine Ehrensäule setzen. —

Ich füge zu diesem Charakter folgende Sentenz des unsterblichen Luthers: „Wenn der
Teufel einen einmal aus seinem Saß
und Lager hebt, und bringt ihn ins

Wäl-

Wälzen, so kann er an keinem Orte
und auf keiner Lehre ruhig bleiben."

Siebenzehntes Kapitel.
Von dem Geize.

308.

Der Geiz gehört unter die größten menschlichen Thorheiten, und ist zugleich eine Quelle
unzähliger Verbrechen. Saget dieses einem reichen Filze, erklärt es ihm; er wird es einräu-
men und sich dennoch nicht bessern.

309.

Die Sklaven des Reichthums sehen aus
Dummheit das Geld für einen Zweck an, da
es doch weiter nichts ist, als ein Mittel.

310.

Tugend und Gottesfurcht, Verstand und
Wissenschaften, Ruhe der Seele, und getroster
Muth im Tode, Himmel und ewige Seligkeit
werden von einem Menschen, der den Reichthum liebt, (und o wie viele giebt es deren!)
diesem seinem nichtswürdigen Götzen ohne Bedenken aufgeopfert.

311.

Sie wundern sich, Harpax! daß Sie jedermann verabscheut, daß Ihre eigene Frau und Kinder Ihnen den Tod wünschen? — Hören Sie auf, sich zu verwundern! — Sagen Sie mir einmal, wie kann ein Mensch, der das Geld über alles liebt, von Jemanden Liebe erwarten? — Wessen Liebe suchen Sie denn wohl zu verdienen *)? —

312.

Moliere mochte seinen Geizigen so lächerlich vorstellen, als er wollte. Die Geizhälse von Paris erkannten sich nicht in seinem Bilde, weil sie, wie alle Geizhälse in der Welt, sich blos für sparsam hielten. Sie fanden vielmehr das Stück äußerst komisch, und lachten über die Thorheiten ihres Kammeraden aus vollem Halse mit.

313.

Man kann sich oft mehr auf die Treue eines Kartusche verlassen, als auf die Ehrlichkeit eines Harpaxes. Ueberhaupt hat der Stra-

N 5   sen

---

*) Non vxor saluum te vult, non filius, omnes
    Vicini oderunt, noti, pueri, atque puellae.
    Miraris, cum tu argento post omnia ponas,
    Si nemo praestet, quem non merearis, amorem?
                  HOR. Sat. I, Lib. I.

senräuber manches vor einem groben Geizhalse
voraus Jener stiehlt gemeiniglich aus Noth;
dieser raubet aus bloßer Habsucht. Jener stellt
nur den Reichen nach; diesem sind Reiche und
Arme gleich. Jener hat mit denen, die in seine
Hände fallen, öfters noch einiges Mitleiden;
dieser hingegen hat mit sich selbst keines,
geschweige denn mit Andern.

314.

Wenn der Geiz an die Höfe und unter die
Minister kömmt, welch ein Unglück für das
Land! — Dann ist das Recht feil und die Aemter, dann werden Auflagen mit Auflagen ge-
häuft, dann hört man auf keinen Unterthanen,
er schreye über Bedrückungen, wie er will.

315.

Sejan ist geizig, Rom wird verkauft. Der
geizige Minister verkauft den guten Kaiser,
sagte Diokletian. — O hätte er ihn doch lieber
verschenkt, damit er einem beßern Regenten
Platz gemacht hätte! — Denn ich bin fest überzeugt, daß kein Minister sich unterstehen würde,
sich durch Ungerechtigkeiten und Gelderpressun-
gen bereichern zu wollen, wofern er nicht wüßte,
daß er einen einfältigen oder sorglosen Herrn
hätte, der ihn in allen Stücken mit seinen Un-
tertha-

terthanen schalten und walten ließe, wie er
wollte.

316.

Ehe der Mammonsknecht nur etwas von
seinem Vermögen fahren läßt, lieber geht er mit
allen den Seinigen verloren. Man denke an
den Crösus. Aus Geiz stürzte dieser sein Reich,
seinen Freund, den Chaldäer, ja, sich selbst in
das größeste Verderben, und Cyrus, welcher
die Kenntniß, die er von dem Charakter des Ly-
diers hatte, zu benutzen wußte, triumphirte über
Asien.

317.

Das Geld geht bey den meisten Menschen
über alles. — Kriton hat eine tugendhafte
Seele — will eben nicht viel sagen, mein Herr! —
einen ungemeinen Verstand — eben so wenig —
eine vornehme Geburt — ist etwas — 100,000
Thaler Geld — Ha! der göttliche Mann! Wo
ist er, daß ich mich ihm zu Füßen lege? Sagen
Sie es ihm, ich stünde ganz zu seinem Befehle.
Ich sähe es nun mehr, als zu deutlich, daß alle
gute Eigenschaften in ihm vereinigt wären.

318.

Selten unterstützt ein Reicher einen Armen
mit baarem Gelde, es sey noch so wenig, aus
Furcht, dieses wenige bey ihm einzubüßen. Immer

mer pflegen nur die Reichen sich unter einander
selbst zu unterstützen; sollten sie auch die größesten Summen darüber verlieren.

319.

Der alte Scharrsilber, der in seinem
Leben sonst nichts gethan, als Geld gezählt und
Wechsel geschrieben hat, ist endlich mit dem
Ruhme des reichsten Mannes in der Stadt ge-
storben. So reif er auch zum Tode war, so
kam ihm derselbe doch noch viel zu früh. Seine
Sachen waren noch gar nicht in Ordnung gebracht, keine Rechnung völlig abgeschlossen, unzählige Schulden noch einzucassiren. — Daß
doch der Tod die Leute so zur Unzeit über-
läuft! — Den Donnerstag in der Zahlwoche
hätte er kommen sollen! — Das war bey Scharr-
silbern der gewöhnliche Zahlungstag. Eher
pflegte er auf keine alte Rechnung einen Gro-
schen zu bezahlen, und wenn man ihm zu Füßen
gefallen wäre. Doch weis ich nicht, ob ihm der
Tode gerade in einer heurigen oder künftigen
Messe gelegen gekommen seyn würde. Vielleicht
hätte er ihm gar am Ende seine Anfoderung
streitig gemacht, und, wo möglich, das Recht
dazu abgeschworen. Allein, wie dem auch gewesen seyn möchte, genug, der Tod, der seine
Gesinnungen gekannt zu haben scheinet, hat auf

seinen

seinen freyen Entschluß, die Schuld der Natur
zu bezahlen, nicht gewartet, sondern sie plötzlich und mit Ungestüm von ihm eingetrieben.
Nun ist der verewigte Scharrsilber in einer andern Welt, um die er sich vorher gar nicht bekümmert hat. Da er vermuthlich keine Geld-
geschäfte darinne wird machen können, so muß
er itzt nothwendig die verdrüßlichste Langeweile
haben; und wehe ihm, wenn er darinne vor
einem Richter erscheinen muß, der gerechter ist,
als es die irdischen sind, die er so oft, als er in
Gefahr war, seines Wuchers und seiner Betrü-
gereyen wegen, bestraft zu werden, mit Geschenken auf seine Seite zu bringen wußte! —

Acht-

Achtzehntes Kapitel.
Von dem Spiele.

320.

Spielen ist ein Zeitvertreib, oft spielen ein Zeitverlust, sein Geld im Spiele wagen, eine Narrheit, die aus dem Geize entspringt, und oft in Verschwendung übergeht.

321.

Man kann das Spiel mit einerley Rechte die Klippe der Freundschaften, und den Zunder zu großen Feindseligkeiten nennen.

322.

Warum besonders die Frauenzimmer so gern spielen, und oft die nöthigsten Hausgeschäfte darüber versäumen? — Vermuthlich deswegen, weil sie dem Müßiggange und dem Geize mehr, als die Mannspersonen, zugethan sind.

323.

Kühne Hazardspiele machen eben so plötzlich arm, als reich. Der, welcher des Morgens mit vollen Goldsäcken aufstund, legt sich oft des Abends ohne einen Kreuzer zu Bette.

Zu Ludewigs, des 14ten, Zeiten gewann ein berühmter Spieler zu Paris mit einem erstaunenswürdigen Glücke unermeßliche Reichthümer,

wovon

wovon er einen Theil baar erhielt, den andern
aber zu Anschaffung reicher Kleider und einer
kostbaren Equipage, besonders aber zu Erbauung eines prächtigen Palastes verwandte,
der ihn allein 500,000 Livres kostete. Wenige
Zeit hierauf spielte er mit einem Unglücke, das
nicht geringer war, als das vorige Glück, und
verlor auf einmal Geld, Kleider, Equipage, Pa-
last, kurz alles, was er hatte — nur die Spiel-
sucht nicht. Man sahe ihn nachher öfters mit
den herumlaufenden Savoyarden auf der stei-
nernen Vortreppe eben des Palasts, welchen er
zuvor bewohnt hatte, um etliche Liards oder
Pfennige würfeln.

324.

Macht schon der Verlust an sich selbst den
unglücklichen Spieler mürrisch, wie vielmehr
das empfindliche Lächeln, das er auf dem Gesichte des Gewinners gewahr wird.

325.

Der Unterschied zwischen einem Meßdiebe
und einem Spieler von Profeßion ist nicht sehr
beträchtlich. Jener schneidet die Beutel ab, dieser leeret sie aus.

326.

„Spielschulden müssen bezahlt werden,“ ist
ein Gesetz, das sich die Spieler selbst gemacht
haben,

haben, und das sie gewissenhafter, als jedes
andere, beobachten. Ehe lassen sie den armen
Handwerksmann auf seine Bezahlung warten,
ehe lassen sie ihre Familien darben, ehe darben
sie selbst, als daß sie ihren Spielkameraden das
an sie verlorne Geld schuldig bleiben sollten.

327.

Die Lotterien sind die schädlichsten Hazardspiele, die nur zu finden sind. Wie viele
Familien werden dadurch in der Stille zu
Grunde gerichtet! Wie mancher arme Dienst-
bote und Tagelöhner um sein sauer verdientes
Lohn, oder wohl gar an den Bettelstab gebracht! — Wie? es werden, sagt ihr, bey je-
desmaliger Ziehung die ansehnlichsten Gewinn-
ste im Publiko verbreitet? — Thörichtes, blen-
dendes Vorgeben! — Was hilft es wohl den
zehen, welche verlieren, daß der eilfte, (der
es vielleicht nicht einmal braucht,) ihren Verlust gewinnt? — Ich dächte also, man sollte,
aus landesväterlicher Einsicht und Vorsorge,
diese großen Hazardspiele weit eher verbieten,
als die minder schädlichen kleinen.

Neun-

Neunzehntes Kapitel.

Von dem Selbstmorde.

328.

Der Selbstmord entsteht mehr aus einer
Feigheit, als aus einer Großmuth. Weil man
sich aber gemeiniglich das Gegentheil einbildet,
so wird oft der Verzagte blos darum ein Selbstmörder, um das Ansehn eines Großmüthigen
zu behaupten.

329.

Sich mit Gewalt dasjenige zu nehmen, was
man sich nicht selbst gegeben hat, und was man
sich, wenn man sichs einmal genommen hat,
nicht wiedergeben kann, mit einem Worte, sich
das höchste Gut auf Erden, das Leben, zu rauben, halte ich für eine Thorheit, die nahe an
den Unsinn gränzt, und die allenfalls nur den
Schwarzblütigen zu verzeihen ist.

330.

Nein! nicht derjenige handelt großmü-
thig, der, durch sein widriges Schicksal über-
wunden, sich selbst entleibt, sondern vielmehr
der, welcher dasselbe mit Gelassenheit erträgt,
und, ihm gleichsam zum Trotze, lebt.

O   331.

331.

Selten hat der Selbstmord ein unver-schuldetes Unglück zum Grunde, selbst dann nicht einmal, wann ihn zunächst körperliche Ur-sachen veranlassen. Man untersuche alle be-kannte Fälle, und man wird finden, daß bey den meisten entweder gekränkter Hochmuth, oder unbefriedigte Habsucht, oder allerley grobe Aus-schweifungen vorhergegangen sind.

332.

Man verwechsele den sterbenden Sokra-tes nicht mit dem sterbenden Kato. Sie gleichen sich auf keinerley Weise. Jenem gaben Andere den Tod, dieser gab sich ihn selbst. Je-ner starb aus Gründen der Religion, dieser aus Ursachen des Staats. Jener empfing den Tod mit standhafter Demuth, dieser überlieferte sich demselben mit zaghaftem Stolze. Beyde unter-warfen sich ihm zwar freywillig, doch jener als ein Märtyrer seines Glaubens, dieser als ein Märtyrer seines Ehrgeizes. Ueberdieß war es jenem tausendmal rühmlicher, den Tod, der er-habensten Wahrheit *), als diesem, eines blo-ßen Vorurtheils **) wegen, zu leiden. — Sokra-tes,

---

*) Daß ein einiger Gott sey.

**) Der falsche Patriotismus, wo man die Freyheit seines

tes, indem er den Giftbecher trank, konnte zu
sich sagen: Ich sterbe mit Vergnügen, weil man
mich auffordert, die Wahrheit meiner Lehre mit
meinem Tode zu besiegeln. Kato hingegen, indem er das mörderische Schwerdt wider sich
zückte, muste, wenn er aufrichtig seyn wollte,
gestehen: Ich sterbe vor Verdruß, weil ich sehe,
daß die Parthey des Pompejus, der ich anhan-
ge, und die mit mir die Souveränität des Römischen Senats bisher vertheidigt hat, unterliegt.

333.

Ein junger Werther, der sich in die Frau
eines andern vergafft, und, weil er ihrer nicht
theilhaftig werden kann, sich selbst entleibt, ist
ein Wollüstling von überspannter und verdorbener Einbildungskraft, ein vor Liebe rasend
gewordener Roland, der ins Tollhaus gehört. —
Allein wie nennet man denn wohl diejenigen,
die seine alberne Geschichte lesen und nachahmen? — Für diese weis ich keine Namen zu
finden. Die Größe solcher Narren zu beschreiben, ist unmöglich. Dazu ist die deutsche und
jede andere Sprache zu arm.

D 2

334.

seines Vaterlandes zu vertheidigen glaubt, indem
man sich weigert, einem einzigen Herrn zu gehorchen, um dafür zehn andern zu dienen.

334.

Man muß sich oft wundern, daß Personen, die Tonnen Goldes besitzen, und öffentlich für die rechtschaffensten Männer gepriesen werden, ihrem, dem Ansehen nach, so glücklichen Leben ein plötzliches Ende zu machen suchen. Sie kennen doch den reichen Geldwechsler X. in Z . .? Niemand weis ihm etwas böses nachzusagen. Auch ist er so wenig ein Melancholikus, daß er vielmehr in allen Gesellschaften jederzeit der lustigste gewesen ist. Und doch — (können Sie sichs wohl einbilden?) hat man ihn vor kurzem halbtodt aus dem vor seinem Garten vorbey-fließenden Kanale gezogen, worein er sich, seinem Geständnisse zufolge, aus einer schleunigen Anwandelung von Lebens-Ueberdrusse gestürzt hatte.

335.

In W . . eräugneten sich vor einigen Jahren binnen 8 Tagen 6 Selbstmorde. Bey dieser Gelegenheit machten einige Engländer, die sich eben damals daselbst aufhielten, die scharfsinnige Bemerkung, „daß meistens am Ende kalter Winter, wann die Witterung zum Warmen übergeht, die Selbstmorde, in der Mitte des kalten Winters aber die Todtschläge geschehen.“ — Eine artige Hypothese, in Wahrheit!

heit! nur Schade, daß sie wenig Grund hat. Viel glaubwürdiger kömmt es mir vor, daß die Selbstmörder zu Anfange des Frühlings Leute sind, die sich durch tausend sündliche Winterlustbarkeiten um Vermögen und Gemüthsruhe gebracht haben, oder die durch die harten und nahrungslosen Winter-Monate in Armuth und Verzweiflung gerathen sind. Die Todtschläger hingegen mitten im Winter halte ich für solche, die entweder keine Arbeit finden können, noch wollen, und die daher an Brodte und Holze Mangel leiden. Alle, überhaupt betrachtet, sind zuverläßig Menschen, denen es an Furcht vor Gott, an Vertrauen auf denselben, und, mit einem Worte, an wahrem Christenthume fehlt.

336.

Der berühmte D. Xantus, welcher die christliche Religion gar zu gern in eine ganz neue Form umgeschmolzen hätte, stürzte sich vor einiger Zeit in den Fluß, und ersäufte sich. Man öffnete den Körper, und fand die Ursachen dieses verzweifelten Entschlusses blos in dem schwarzen Blute, in der verknöcherten Hirnschaale, in der verschlemmten Zirbeldrüse u. s. w. Welches die Seele des armen Mannes auf einmal in die größeste Unordnung gebracht hatte.

Gleich-

Gleichwohl war derselbe, nach der Aussage aller seiner Bekannten, stets von heiterm Temperamente und von Natur niemals zur Schwermuth geneigt gewesen. — Daß man doch in unsern Tagen alle Ursachen des Selbstmordes so gern in dem Körper zu suchen pflegt! —

337.

Wenn einst die Pharisäer und Schriftgelehrten den verrätherischen Judas, welchem sie wohl wollten, nachdem er sich erhenkt hatte, und von einander geplatzt war, hätten seciren lassen wollen, so würden sie vielleicht gefunden haben, daß er ein sehr dickes und schwarzes Blut in allen Gefäßen, dicke, schwarze Galle in der Gallenblase, starke Verknöcherungen unter der Hirnhaut, eine äußerst verschlemmte Zirbeldrüse, und am Bauche eine gar zu dünne Haut gehabt habe.

Zwan-

Zwanzigstes Kapitel.

Von einer merkwürdigen Preis-Aufgabe.

338.

Eine Gesellschaft guter Freunde, welche die Gewohnheit hat, allerley zum Theil moralische, zum Theil historische, politische, oder ökonomische Preisfragen aufzuwerfen, machte durch ihren beständigen Sekretär, mittelst eines öffentlichen Anschlags an die Thüre ihres Versammlungssaales, ohnlängst nachstehende bekannt:

„Warum behält man in unsern erleuch-
„ten Zeiten, wo man jedes alte Vorurtheil
„auszurotten, und besonders jedes Ueber-
„bleibsel des papistischen Sauerteigs aus-
„zufegen sucht, die unnützen Domkapitel
„und adlichen Stifter noch bey? — Und
„warum, daferne man hierzu ja seine gu-
„ten Gründe haben sollte, ist es durchaus
„nothwendig, daß die Domherren oder
„Mitglieder solcher Stifter 16 Ahnen zäh-
„len müssen?" —

Der Preis, welchen man auf die beste und genugthuendste Beantwortung dieser Frage setzte, bestand aus 20 vollwichtigen Holländischen Randdukaten. Es wurden hierauf dem Sekre-

tär

tär der Gesellschaft von einigen Gelehrten, denen die Nachricht hiervon zu Ohren gekommen
war, verschiedene scharfsinnige, diese Frage be-
treffende Abhandlungen zugesandt, wovon ich
hier nur die vornehmsten auszugsweise mittheilen will:

A. Die Domkapitel, oder adlichen Stifter hat man bisher, meinem Bedünken
nach, aus keiner andern Ursache beybehal-
ten, als weil noch Niemand ernstlich an
die Nothwendigkeit gedacht hat, sie abzuschaffen. — Gleiche Bewandniß scheinet
es mit den 16 Ahnen zu haben, die derjenige schlechterdings muß zählen können,
der in ein solches adliches Stift oder Domkapitel aufgenommen zu werden begehret.
Man hat sich noch nicht die Mühe genommen, die Ursachen, warum sie eigentlich
erfodert werden, zu untersuchen.

B. Daß die Domkapitel fromme und
zur Ehre Gottes abzweckende Stiftungen
wären, dies zu glauben, wird sich wohl zu
unserer Zeit kein vernünftiger Mensch mehr
einfallen lassen. Man behält sie aber, meines Erachtens, darum noch bey, weil man
sonst nicht wissen würde, was man mit so
vielen Domherren, die eine solche müßige
Lebens-

Lebensart einmal gewohnt sind, anfangen
sollte. — Was die 16 Ahnen anbetrift, diese
könnten zwar allenfalls, der Beybehaltung
der Kapitel unbeschadet, zu unsern Zeiten
hinwegfallen, da aber die damit versehenen
Adlichen einmal noch fest an diesem lächerlichen Vorurtheile kleben, so läßt man sie,
zur Vermeidung größerer Uebel, die aus
ihrem beleidigten Stolze etwa erwachsen
möchten, so lange darinne unberuhiget, bis
sie selbst einmal anfangen werden, selbiges
einzusehen, und sich davon loszureißen —
worüber aber nun freylich wohl mehr, als
ein Jahrhundert noch verfließen dürfte. —

C. Die Domkapitel sind zu unsern Zeiten zwar nicht mehr das, was sie ehemals
waren, da man sie, abergläubischer Weise,
für gottselige Stiftungen hielt; weil aber
doch dieselben eine Art von Krankenhäu-
sern vorstellen, in welchen schwache Köpfe,
die sich zu sonst nichts schicken, standesmäßig unterhalten werden, so duldet sie
der Staat aus eben der Ursache und mit
eben dem Rechte, wie andere Hospitäler. —
Anlangend die 16 Ahnen, die sich auf dem
Stammbaume desjenigen befinden müssen,
der seinen kranken Sohn in einem solchen

adli-

adlichen Spitel aufnehmen und veralimen-
tiren laſſen will, ſo trägt noch gegenwärtig jeder Landesherr, dieſe im Grunde
eitle und thörichte Bedingung zu unter-
ſchreiben, um deſto weniger Bedenken, je
deutlicher er überzeugt iſt, und durch ſo
viele Beyſpiele überzeugt ſeyn muß, daß
Stolz und Dummheit die gewöhnlichſten
Erbübel altadlicher Familien ſind, und daß
um deswillen vorzüglich auf die gute Verſorgung ihrer Abkömmlinge Rückſicht genommen werden müſſe. —

D. (Von der vierten Abhandlung, die
am weitläuftigſten gerathen iſt, will ich
nur den Anfang herſetzen, und den Leſer
daraus auf das übrige ſchließen laſſen:)

„Der Menſch, von Natur zum Böſen
geneigt, läßt ſich in keinem Laſter weniger
gern beeinträchtigen, als in der Faulheit und im Stolze. Dieſe beyden mo-
raliſchen Uebel haben von jeher Mittel gefunden, ſich nicht nur vor der Welt ein
erlaubtes Anſehen zu geben, ſondern auch
ſogar ſich mehr, als irgend eines, wenn
ich ſo ſagen darf, zu privilegiren. Aus
dieſer Urſache u. ſ. w.“ Der Verfolg und
die Anwendung hiervon iſt leicht zu errathen

then. Kurz, der Verfasser, der ein großer
Menschenkenner zu seyn scheinet, und immer viel gute Lehren mit unterlaufen läßt,
hält es, nach reifer Ueberlegung, für äuf-
serst schwer, wo nicht gar für unmöglich,
die einmal eingeführten ablichen Stifter,
mit samt dem gewöhnlichen Requisito der
16 Ahnen, ins Reich der Unwesen, wohin
sie, seiner Meynung nach), eigentlich gehören, zu verweisen. —

E. (Bey der letztern Abhandlung, die
ich meinen Lesern hier mittheilen will, und
die, ihres besondern Inhalts wegen, vorzüglich bemerkt zu werden verdienet, wird
sogleich ein jeder darauf fallen, daß sie aus
der Feder eines ablichen Skribenten geflos-
sen seyn müsse. Da sie, so wie die vorher-
hende, sehr weitläuftig abgefaßt ist, so will
ich sie ebenfalls ins Enge ziehen, und von
ihr, so zu sagen, nur die Quintessenz liefern:)

„Gleichwie man schon unter den Thieren
einen beträchtlichen Unterschied wahrnimmt,
indem immer eines edler und vortrefflicher ist, als das andere: Eben so ist es
auch in Ansehung der Menschen, unter welchen es abliche Geschlechter giebt, und
bür.

bürgerliche. Nun wagt es so leicht
doch Niemand, die Gewohnheit derer zu
tadeln, welche z. B. einen Papagey in
einen vergoldeten Käsicht setzen, und darinne
mit Semmel, in Wein getunkt, speisen,
ohne daß sie dafür demselben etwas anders zumuthen, als einige Worte, ohne
Verstand und Nachdenken auszusprechen.
Wie sollte es denn also nicht höchstverwe-
gen und unbillig seyn, jene uralte und
höchstlöbliche Gewohnheit, nach welcher
man eine Person von Adel, mehr ihrer
16 Ahnen, als persönlichen Meriten wegen,
in ein hochwürdiges Domkapitel aufnimmt,
sie standesmäßig darinne unterhält, und
dafür nichts weiter von ihr fodert, als
daß sie ihre bestimmten horas, mit Absin-
gung alter lateinischer Gesänge, wobey
eben nicht viel gedacht werden darf, entweder selbst abwartet, oder durch ihren
Vicarium abwarten lässet, in unsern fälsch-
lich so genannten erleuchteten Zeiten ab-
schaffen zu wollen? u. s. w.
Nachdem sich die Gesellschaft diese und noch einige andere bey ihr eingelaufene Abhandlungen
mehr als einmal hatte vorlesen lassen, so war
sie zwar eine Zeitlang ungewiß, welcher unter
den

den angeführten sie den Preis zuerkennen sollte,
da fast eine jedwede, ihrer Gründlichkeit und
scharfsinnigen Bearbeitung wegen, ein besonderes Recht dazu zu haben schien. Endlich wurde dieselbe, nach sorgfältiger Ueberlegung,
schlüßig, ihn der dritten, als der würdigsten,
das Accessit aber der darauf folgenden, die jener am nächsten kömmt, zu ertheilen. Das son-
derbarste hierbey war, daß, als man den versie-
gelten Zettel, worauf der Nahme des Verfassers stund, eröffnet hatte, man nicht ohne gros-
ses Erstaunen wahrnahm, daß diese Abhandlung nicht nur selbst ein Ablicher, sondern, was
noch mehr ist, ein sechzehnahnichter Domherr
verfertiget, und sich durch selbige den Preis von
20 Dukaten rühmlichst erworben hatte. Vermuthlich hat er dieselbe zum Spaß, oder in der
Absicht geschrieben, der Welt zu zeigen, daß man
ein altablicher Domherr, und doch auch zugleich
ein verständiger und unpartheyischer Mann
seyn könne.

Ein

Ein und zwanzigstes Kapitel.

Vermischten Inhalts.

339.

Wer immer Andere verbessern will, und glaubt, daß das, was er erst seit gestern gelernt hat, außer ihm Niemand wisse, der ist von einem eben so schlechten Verstande, als Umgange, eben so dumm, als stolz,

340.

Dorant und Strephon sind die vertrautesten Freunde, die nichts vor einander geheim halten. Werden sie es lange bleiben? — Ich wollte es ihnen gönnen. Allein ich fürchte, daß ihre Freundschaft und Vertraulichkeit nicht länger dauren werde, als es ihre zänkischen Weiber für gut befinden werden.

341.

Je schneller und hitziger sich eine Freundschaft anhebt, um desto geschwinder nimmt sie wieder ab und erkaltet.

342.

Wahre Freundschaften entstehen allmählig. Man muß sich erst kennen lernen, um sich hochzuschätzen. Nur der Liebe ist es eigen, sich plötzlich zu entzünden.

343.

Es giebt Familien, die äußerlich im Schoo-
se der Ruhe und des Glücks zu leben scheinen,
und die sich doch innerlich in der größesten Verwirrung und Unzufriedenheit befinden.

344.

Damon besitzt die ansehnlichsten Güter
und Ehrenstellen. Sein Haus, seine Klei-
dung, seine Dienerschaft, seine Equipage, seine
Tafel, alles zeuget von dem erstaunenswür-
digsten Ueberflusse. Eine Menge Klienten
umringen ihn, so oft er sich sehen läßt. Man
macht ihm die Aufwartung, wie einem Prinzen.
Ist wohl jemand glücklicher, als Damon? —
Glücklicher? o ja, sehr viele! Sogar der Bett-
ler ist es, dem das nicht fehlt, was ihm man-
gelt — ein gesunder Leib und ein ruhiges Herz.

345.

Man geht oft zu Jemanden mit dem festen
Vorsatze, ihm eine Sache, die er nicht wissen
soll, zu verschweigen, und verläßt ihn bald
darauf mit dem größesten Verdruße, sie ihm
dennoch entdeckt, oder vielmehr sich selbst gegen
ihn verrathen zu haben.

346.

Je größer das Glück ist, je weniger ist es
von Dauer. Nicht, als ob es ein Wesen wäre,

das,

das, wie die Heiden dichteten, die Veränderung liebte, sondern weil sich gemeiniglich eines oder mehrere Laster dazu gesellen, die sich nicht damit zu vertragen scheinen, und daher diejenigen, die es besitzen, desselben verlustig machen. — Solche Laster sind Stolz, Vermessenheit, Ueppigkeit, Schwelgerey, Faulheit. —

347.

Viele Tugenden und Laster stoßen mit ihren äußersten Enden an einander. So grenzen Ehrliebe und Ruhmsucht, Sparsamkeit und Geiz, Freygebigkeit und Verschwendung, Demuth und Niederträchtigkeit, Liebe und Wollust. — Wer eine dieser erstgenannten Tugenden übertreibt, der fällt sogleich in das ihr entgegengesetzte Laster. — Medium tenuere beati! —

348.

Die meisten Zwistigkeiten und Feindschaften haben ihren Ursprung in einem Mißverständniße, und werden entweder gar unterbleiben, oder sich sogleich endigen, daferne man sich allemal über seine Worte gehörig erklärte, oder sich die des Andern gehörig erklären ließe.

349.

Alciphron lebte vor etlichen Jahren noch in einer so großen Dunkelheit, daß er auf der Gasse unbemerkt daher schlich, und man ihn kaum,

kaum, dem Namen nach, kannte. Seitdem er aber, wie man sagt, in der Handlung glücklich gewesen ist, und das große Loos in der Lotterie gewonnen hat, ist er auf einmal ein geehrter und angesehener Mann geworden. Man ringt nun gleichsam nach seiner Bekanntschaft, bückt sich vor ihm bis auf die Schuhe, und überhäuft ihn bey jedem Worte, das er vorbringt, mit tausenderley schmeichelhaften Komplimenten. Wird man ihn außer seinem Hause gewahr, so verfolgt man ihn mit den Augen, so weit man ihn sehen kann, und ruft einander mit einem bedeutenden Blicke zu: Sehen Sie! dort geht Alciphron. — Die Frauenzimmer lächeln ihn von allen Seiten freundlich an, zumal da sie erfahren haben, daß seine kränkliche Frau bald eine Nachfolgerin brauchen dürfte. Die Geistlichen sogar wetteifern um seinen Beyfall, und neiden einander um das Glück, sein Beichtvater zu seyn. Ein jeder unter ihnen möchte gern diesem freygebigen Sünder die Absolution ertheilen, ungeachtet Juden und Christen wissen, daß die Reue so wenig seine Sache ist, als der Glaube.

350.

So oft man öffentlich den Tod eines Mannes von Stande und Vermögen ankündiget, so

P wird

wird man auch allezeit von ihm rühmen, er sey
ein Mann von großen Verdiensten, ein guter
Bürger, ein thätiger Christ, ein liebreicher Men=
schenfreund, ein rechter Vater der Armen, und
kurz, ein Mann von einer anerkannten Tugend
und Rechtschaffenheit gewesen. — Hiervon ist
oft kein einziges Wort wahr. — Vielmehr ist
dieses so übertriebene Lob in den meisten Fällen
weiter nichts, als eine niederträchtige Schmei=
cheley, die man noch zu guter letzt dem Schat=
ten und der Familie eines reichen und vornehm=
men Mannes macht.

351.

Staz glaubet, daß er wohl zu reden wisse,
weil er immer redet; allein, meines Erachtens,
weis der gar nicht zu reden, der gar nicht zu
schweigen weis *).

352.

Beklage dich nicht, Theron! über deine
Freunde, daß sie dein Geheimniß nicht bey sich
behalten haben. Beklage dich über dich selbst,
daß du es nicht zuerst bey dir behalten konntest.

353.

Mäv schweiget, weil er nicht zu reden weis.

Bav

---

*) Loqui ignorabit, qui tacere nescit. — Auson. in
Pittaci Sentent.

Bav redet, weil er nicht zu schweigen weis. —
Mäv ist klüger, wie Bav.

354.

Der armgewordene Reiche weis sich öfters
in sein Schicksal besser zu finden, als der reich
gewordene Arme. Gemeiniglich macht der Reich=
thum den, der ihn nicht gewohnt ist, aufgebla=
sen: Die Armuth aber den, dem sie noch fremd
ist, weniger niedergeschlagen, als, sich in die vo=
rigen Umstände zu versetzen, geschäftig.

355.

Mancher legt sich in der Jugend auf eine
Wissenschaft, oder auf eine Kunst, von welcher
er hernach in seinem ganzen übrigen Leben kei=
nen Gebrauch machen kann.

356.

Viele Arme halten sich nicht eher für glück=
lich, als bis sie den Sturz der Glücklichen
sehen *).

357.

Ein allgemeines Lob hat oft nur wenig Men=
schen von Ansehen zu Urhebern. Was diese sa=
gen, das sagen die übrigen nach. — Man weis

P 2 ja

*) Nec sibi felix pauper habetur,
Nisi felices cecidisse videt. — Seneca in Herc.
Oeteo.

ja überhaupt, daß die Stimme des Pöbels nur das Echo der Großen ist. —

358.

Die Art zu geben verringert oder erhöhet das Geschenk, je nachdem dieselbe angenehm oder unangenehm ist. — Die Freundlichkeit des Gebers würzet gleichsam die Gabe, und macht den Empfänger glauben, daß er durch Annehmung derselben, jenem einen eben so großen Dienst erzeige, als sich selbst. — Im Gegentheil empöret eine Art von Härte und Verdruß, die sich auf dem Gesichte des Gebers verbreitet, allezeit denjenigen, der etwas empfängt, und er verwünscht heimlich sein Schicksal, das ihn nöthiget, von einem so mürrischen Wohlthäter etwas anzunehmen.

359.

Klitander schwöret alle Augenblicke, daß er die Wahrheit sage, und er saget sie niemals. Der Mann weis, wie es scheinet, daß seine Worte Betheurungen brauchen, um geglaubt zu werden: Aber das scheinet er nicht zu wissen, daß an diesen Betheurungen vornehmlich die Schuld liegt, daß ihnen Niemand glaubt.

360.

Die Gewölber sind geöffnet. Die Waaren stehen zum Verkaufe da. Der Liebhaber betrach-

trachtet sie, und läßt sich den Preis sagen. Man
bietet und bietet wieder. Man versichert a u f
E h r e, und wenn das nicht helfen will, b e y
G o t t, (ein Schwur kostet hier so wenig, als
eine Lügen,) dieß sey der genaueste Preis. Man
übertheure Niemanden. Man habe die Waare
selbst kaum dafür. Man solle nur ihre Güte
ansehen. Man suche nichts dabey zu gewinnen.
Es sey blos um ein andermal, und was dergleichen Reden mehr sind. Zuletzt schließt man
den Handel, zahlet das Geld aus, nimmt es in
Empfang, und der Betrug ist geendiget.

361.

Was für ein Lärm! man hört ja sein eigen
Wort nicht! Was giebts denn dort unter den
beyden Herren, die kurz vorher so vertraut mit
einander redeten? — Sind sie über ihren Punsch
uneinig geworden? — Nein! — Worüber
denn? — Ueber den Türkenkrieg! — Der eine
will ihn durchaus, um das Gleichgewichte von
Europa zu erhalten, durch die Dazwischenkunft
anderer Mächte, binnen zwey Monaten geen-
digt wissen; der andere hingegen will ihn schlechterdings mit Nachdruck fortgesetzt haben, um
die Freude zu genießen, von den Russischen in
Konstantinopel aufgesteckten Fahnen bald in allen Zeitungen zu lesen. — O über die Narren!

P 3

362.

Der Arme hilft den Reichen noch reicher, der
Reiche hingegen denArmen noch ärmer machen*).

363.

Salomo wurde aus einem eifrigen Got-
tesverehrer nach und nach ein duldsamer In-
differentist, leistete seinen heidnischen Weibern,
wenn sie auf die Höhen gingen, ihren Götzen zu
räuchern, auf eine galante Weise Gesellschaft,
sahe daselbst ihren Opfern hochgeneigt zu, opfer-
te endlich aus Gefälligkeit selbst mit, und ver-
leitete hierdurch das Volk zu gleicher Gering-
schätzung der einzigen wahren Religion. — Ein
warnendes Beyspiel für euch, ihr Herren Geistlichen! die ihr euch der Welt durch eine allzugroße Nachgiebigkeit gegen ihre Meynungen und
Laster so gern angenehm zu machen sucht.

364.

Einst, da Lysander die ansehnlichsten
Aemter besaß, war er im Stande, vielen zu dienen, und dienete Niemanden. Itzt, da er sie
verloren hat, und als ein Privatmann lebt, will
er allen, und kann Niemanden dienen.

365.

Das sicherste Mittel wider die Verzweiflung,
wel-

*) Quam inique comparatum est, qui minus habent, Ut
semper aliquid addant divitioribus. Ter. in Phorm.

welches die Natur, oder der Schöpfer derselben
den Menschen verliehen hat, ist die Vergessenheit. Mancher glaubt in den ersten Au-
genblicken eines großen Verlusts, ihn nie aus
den Gedanken verlieren, oder nicht lange über-
leben zu können, der doch nach Verlauf weniger
Tage ziemlich gelassen daran zurückdenkt. Neue
und zum Theil angenehme Gegenstände zer-
streuen seine finstern Ideen, und machen in seiner Seele hellern Vorstellungen Raum. Vergebens sucht er seine tödtende Traurigkeit mit
Gewalt zu nähren. Sie stirbt unter den Händen der Zeit, damit er noch ein wenig zu leben
fortfahren kann.

Dorine will in den ersten Tagen nach dem
Tode ihres Gatten verzweifeln. Sie schreyt so
laut, daß man es über drey Häuser hören kann.
Acht Tage nachher wird sie ruhig, sieht ein, daß
das Schwarze sie vortreflich kleidet, und denkt
schon ernstlich daran, wie sie von neuem gefallen und den Verlust des Verstorbenen ersetzen
möge. — Wenn sie ja noch Thränen vergießt,
so geschieht es deswegen, weil sie weis, daß sie
die Frauenzimmer reizender machen.

366.

Man muß nicht so ängstlich nach der Auf-

füh=

führung desjenigen forschen, welchem man eine
kleine Wohlthat mittheilen will. Aber vorsich-
tig muß man seyn, wenn man Jemanden eine
große erweisen soll. Denn oft ist es eben so ge-
fährlich, einem bösen Menschen Gutes, als einem Guten Böses zu thun *).

367.

Die Gewohnheit der Mannspersonen, sich
überall, wo Frauenzimmer sind, zu versammeln,
giebt vielen Predigern eine Menge Zuhörer,
welche sie außerdem gewiß nicht haben würden.

368.

Herr von Olberndorf hat Güter und
bekleidet Würden, wobey er ohne Sorgen leben und der Welt nach seinen Fähigkeiten nützen
könnte. Allein nicht hiermit zufrieden, sinnet
er auf Mittel, sich durch Beförderung des va-
terländischen Gewerbes bey Hofe angesehen, und
beym Publico beliebt zu machen. Er hat hierzu
freylich weder Verstand, noch Beruf; aber un-
tersucht dies wohl ein Mann, welchen der Sta-
chel der Ehrsucht zu großen Unternehmungen
treibt? — Von Olberndorf legt weitläuftige
Fabriken an, verschreibt ausländische Arbeiter
dazu, verwendet sein sämmtliches Vermögen
darauf

---

*) Malo benefacere tantundem est periculi, quantum
bono malefacere. — Plaut. in Penulo.

darauf, borgt noch viel fremdes dazu, wird betrogen, und betriegt andere. Man nimmt ihm
Güter und Ehrenstellen, und läßt ihm nichts,
als den leidigen Trost, auf die wirkliche Bos-
heit seiner Fabrikanten, und den vermeyntlichen
Undank seiner Landesleute schimpfen zu können.
Ein Anderer an seiner Stelle würde über einen
solchen Geld- und Ehren-Verlust untröstbar
seyn; aber da von Olberndorf von der Natur
eine gute Portion Leichtsinn empfangen hat, welchen er thörichter Weise P h i l o f o p h i e nennet,
so findet er hierinne gar bald Mittel, sich zu
beruhigen. Nach und nach bringt er es in dieser seltsamen Philosophie so weit, daß er sich
weder durch die schimpfliche Lebensart eines
Schmarozers, noch durch das elende Handwerk
eines Postenträgers zu verunehren glaubt. Wo
er nur eine Feueresse rauchen sieht, da scheinet
ihn auch ein gedeckter Tisch zu erwarten. Wird
er abgewiesen, (welches ihm, der vielen Stadt-
neuigkeiten, womit er sich angenehm zu machen
sucht, ungeachtet, leider! gar oft begegnet,) so
wird er darüber keinesweges beschämt, sondern
er kehret entweder wo anders ein, oder speiset,
wenn überall nichts für ihn ist, auf Konto. Alle
reiche Leute sind seine Freunde, die er auf ihren
Landgütern, wenn sie welche haben, fleißig be-

P 5   sucht,

sucht, und nicht eher wieder von ihnen hinweg-
geht, als bis sie selbst ziemlich nachdrücklich
ihn an die Heimreise erinnern. In den Häusern,
wo er am öftersten Zutritt hat, und wo man zu
bescheiden ist, ihm unhöflich zu begegnen, nimmt
er sich die ungeziemendsten Freyheiten heraus,
schreibt die Gerichte vor, die er essen will, mengt
sich in Familiensachen, und verhetzt das Gesinde wider die Herrschaft, und die Herrschaft
wider das Gesinde. Auch dieses gehöret mit zu
seiner Philosophie; denn ein Weiser muß sich
um alles bekümmern. Im Uebrigen bringet er
seine Morgenstunden, wenn er in der Stadt ist,
entweder damit zu, daß er in einigen neuen Mo-
deschriften blättert, blos um in einer witzigen
Gesellschaft gelegentlich davon plaudern zu können, oder damit, daß er dienstsuchende Personen
bey sich zur Audienz läßt, die er hier und da
empfehlen und versorgen zu wollen vorgiebt,
oder damit, daß er an einige seiner Bekannten
Briefe schreibt, worinne er sich selbst bey ihnen
für den Mittag oder den Abend zu Gaste bittet.
Von 3 Uhr an Nachmittags hat er die Gewohnheit, herum zu schlendern, und bey seinen är-
mern Bekanntschaften Besuche abzustatten, bey
welcher Gelegenheit man ihn oft in den schlechtesten Häusern herumkriechen sieht. Auch dieses

ſes ſoll bey ihm für einen Beweis ſeiner prakti-
ſchen Philoſophie gelten, und geſchieht von ihm
unter dem Vorwande, ſeine Klienten, die er des
Morgens in ſeiner Wohnung geſprochen hat,
noch genauer kennen zu lernen, und ſich von der
Wahrheit ihrer Ausſagen durch den Augenſchein
zu verſichern. Dabey ſoll er ſich, wie man ſagt,
gegen die hülfsbedürftigen Frauenzimmer beſonders auszeichnen, und ſie gar oftmals, ſie mögen an einem Orte wohnen, wo, und in einem
Rufe ſtehen, in welchem ſie wollen, ſeiner huld-
reichen Gegenwart würdigen. — Drauf kommen die Gelehrten an die Reihe, die er, da er
ohnedies, einer von ihnen zu ſeyn, ſich einbildet, ohnmöglich vorbeygehen kann. Einigen
borgt er neue Schriften ab, andern leiht er
welche zum Durchleſen. Dieſe bittet er um ihr
Urtheil über eine. Jenen ſagt er es, als das
ſeinige wieder. Zuweilen ergreift er ſelbſt die
Feder, und bringt ſeine Gedanken zu Papiere.
O was das für Gedanken ſind! — So haben
ſie Paſcal und Beaumelle nicht gedacht!
— Doch ſollen ſie das Tageslicht nicht eher zu
ſehen bekommen, als bis er es ſelbſt nicht mehr
ſieht: Vermuthlich deswegen, weil er aus Be-
ſcheidenheit das Lob der Welt nicht hören will.
Unterdeſſen ſollten Sie nur die Briefe leſen, die

ee

er so täglich an seine Freunde und Bekannte schreibt. Wahrhaftig diese sind schwerer zu verstehen, als die Episteln Pauli. Es sind nicht bloße δυσνόητα darinne, sondern sogar ἀνόητα. Es scheinet, als wenn er den tiefdenkenden Kant nachahmen wollte. Was Andere mit zehn Worten sagen, das sagt er darinne mit funfzigen. Es ist ein wahres Galimathias. — Es freuet mich, Herr Leser! daß ich Sie, wie ich sehe, auf diesen Mann aufmerksam gemacht habe. Wollen Sie ihn etwa persönlich kennen lernen? — Ich will Ihnen dieses Vergnügen zu verschaffen suchen. Morgen, oder vielleicht heute noch, soll er gewiß bey Ihnen seyn. „Sie verreisen morgen?" — Das thut nichts; er reist mit. — „Wie? zehn Meilen von hier und drüber?" — Und wären es zwanzig! er reist mit, sage ich Ihnen. Sein Bündel ist bald zusammengeschnürt. Ueberdies kömmt er mit dieser Manier seinen Schuldleuten eine Zeit lang aus den Augen, und erweitert zugleich seinen Bekanntschafts-Kreis. — „Mürrisch?" — Ganz und gar nicht. Er wird Sie auf tausenderley Art zu belustigen suchen. So alt er ist, (und er ist nahe bey seinem großen Stufenjahre,) so jung thut er noch. Er spielt blinde Kuh mit, wenn Sie's haben wollen. Vor seiner Religion

ligion dürfen Sie sich auch nicht fürchten; er
hängt darinne den Mantel nach dem Winde.
Einer Bethschwester liest er Psalmen vor, und
einer Buhlerin lyrische Gedichte. — „O wie
verdrüßlich Sie aussehen! Es scheinet nicht, als
ob Sie Lust hätten, den Hrn. von Olberndorf
persönlich kennen zu lernen. Vielleicht mißfällt
Ihnen wohl gar sein Charakter." — Ja! ich
leugne es nicht, ich halte ihn für übertrieben. —
Ich bitte um Vergebung, mein Herr! und ich
halte ihn für sehr natürlich, und berufe mich zugleich auf die Erfahrung, indem es nicht leicht
eine große Stadt geben wird, in welcher nicht,
(doch unter andern Umständen,) ein Olberndorf anzutreffen seyn sollte.

369.

Herr Tulpe ist der Weltweisheit und bey-
der Rechte Doctor, Professor der ganzen Rechts-
gelehrsamkeit, Hof- Stadt- und Land-Advokat,
Beysitzer eines gewissen Kollegiums, Autor und
— was ist er nicht noch? — Demungeachtet
ist er öfters nicht im Stande, die Wäscherin
und den Briefträger zu bezahlen. Es ist wahr,
seine jährlichen Einnahmen, blos von seinen
Prozessen und Privat-Kollegien, sind beträchtlich, aber noch weit beträchtlicher sind seine
jähr-

jährlichen Ausgaben, wenn man nur das rechnet, was ihm der Schneider und der Weinschen-
ke koften. Nicht, als ob er diefe dienftfertigen
Leute für jedes neue Kleid und für jede Bou-
teille Champagner fogleich bezahlte; o nein!
fondern weil er die Gewohnheit hat, sich ihre
Rechnungen nur einmal im Jahre vorlegen zu
laffen, so beträgt schon das Drittel, was er ihnen alsdann, nach vielem Laufen und Erinnern,
auf Abschlag entrichtet, ein ansehnliches Quantum. Es geschieht bisweilen, daß er 50 bis
60 Thaler auf einmal einnimmt; nun sollte man
vielleicht glauben, daß er vor allen Dingen an
feine Schuldner denken würde; aber nichts weniger. Vielmehr veranftaltet er davon ein nied-
liches Souper, worzu er Leute bittet, die zehnmal mehr haben, als er, und die ihn für feine
gute Bewirthung heimlich auslachen. Man hat
mich einmal versichert, daß, als er einst bey einer solchen Gelegenheit, gegen das Ende des
Schmaufes, kein Geld mehr gehabt, die Herren
Musiker zu bezahlen, die er hatte zum Tanze
auffpielen laffen, er genöthiget gewesen wäre,
zwey Species-Thaler für sie bey feinem Bedienten zu borgen. Da er zugleich Autor (weniger
für die Ehre, als für das Geld,) ift, so hat
fein Verleger die größefte Noth mit ihm; denn

er

er soll ihm das Honorarium sogar für Bücher
pränumeriren, die er noch nicht geschrieben hat.
— O wie oft hat er nicht zum Voraus An-
weisungen auf seinen Gehalt gegeben, blos weil
es ihm an Gelde fehlte, sich ein neues Atlas-
Kleid, oder ein halb Dutzend Modestühle mit
Stahlfedern machen zu lassen! — Und o wie
manches Mal hat er sich nicht in Gefahr befunden, alle seine Aemter, bis auf das eines
Autors, zu verlieren, blos weil er so nachläßig
gewesen war, längst gefällige Wechselschulden,
worauf er ausgeklagt werden sollte, zu berich-
tigen! —

Uebrigens ist der Herr D. Tulpe ein be-
rühmtes Mitglied der ökonomischen Societät
zu S.. und hat, als solches, schon manche
trefliche Abhandlung über die Kunst zu wirth-
schaften geliefert. In seinen Prozessen verräth
er immer, wie man sagt, viel Langsamkeit, Zer-
streuung und Gedächtniß-Schwäche. Man weis
mehr, als einen Fall, wo er an eben dem Tage,
da er in einer sehr wichtigen Angelegenheit einen
entscheidenden Termin abwarten sollte, entweder ein Traktament anstellte, oder zur Lust ins
Bad verreiste. Kurz, Herr Tulpe ist in seiner
Art ein seltsames Original, das in mancherley
Betrach-

Betrachtung bemerkt zu werden verdienet. Er besitzt Genie und Wissenschaften, das ist nicht zu leugnen; aber zu einem Professor und Advo-katen taugt er gar nicht. Am besten würde er sich, meines Erachtens, (doch unter guter Auf-sicht,) zu einem Mâtre de Garderobe, Direkteur des Pläsirs oder zu einem Hoffuriere schicken.

370.

Der Herr Doctor, Superintend und Consi-storial-Rath Knolz ist ein gelehrter und men-schenfreundlicher Mann, der sich auf vielerley Art die Hochachtung der Welt zu erwerben weiß. Er ist ein Redner, ein Philosoph, ein Staats-mann, ein guter Gesellschafter, dergleichen man unter den Geistlichen nur wenige hat. Seine Predigten, so abstrakt auch die Wahrheiten sind, die er öfters darinne abhandelt, sagt er mit ei-ner Leichtigkeit her, worüber man erstaunen muß, ob man gleich dabey wahrnehmen will, daß sein Herz an dem, was er vorträgt, weni-ger Antheil habe, als sein Verstand. Wenn er öffentliche Kandidaten-Prüfungen anstellt, um ihre Tüchtigkeit zum Predigtamte zu untersu-chen, so scheinet er nicht sowohl ihre, als viel-mehr seine Wissenschaften zeigen zu wollen, ist dabey, wie man sagt, gnädig, welchem er will,

und

und erbarmet sich, welches er will. Ein halb
Dutzend Bouteillen Rhein-Wein oder ein guter
Kälberbraten verdecken bey ihm manche theologische Unwissenheit und manchen Fehler im Predigtamte. Die ärgerliche Geschichte mit seiner
Haushälterin, die er ohnlängst zur Wiederher-
stellung ihrer verfallenen Gesundheit einige Wochen aufs Land that, und die sich nun wieder
in der nehmlichen Qualität bey ihm aufhält,
hat, die Wahrheit zu sagen, viel Aufsehen in
der Stadt gemacht, und den bösen Mäulern
nicht wenig Stoff zu lästern gegeben. Daß er
aber in puncto puncti unschuldig seyn müsse,
kann man sehr wahrscheinlich daraus schließen,
weil er fast in allen Predigten sehr heftig auf
das Laster der Unzucht schmählt. Er müste der
unverschämteste Mann von der Welt seyn —
er hat aber doch auch so oft wider den Zorn
geeifert, und in mehr, als einer Predigt gesagt,
daß ein zorniger Mann nichts, als Hader an-
richte. Gleichwohl ist es etwas bekanntes, daß
er dieser Leidenschaft selber unterworfen ist, und
sich mit allen seinen Kollegen, oft um Kleinigkeiten willen, zankt; wie er sich denn sogar einmal mit einem derselben, blos eines Aufgebots
wegen, in der Sakristey geprügelt haben soll.
Indessen aber muß man ihm gleichwohl den

Q   Ruhm

Ruhm laſſen, ein fruchtbarer geiſtlicher Schriftſteller zu ſeyn, der ſchon manche gute Abhandlung in den Druck gegeben hat. Unter andern
ſind mir nachſtehende von ihm bekannt geworden: „Von der Art, wie ein Prediger ſein Amt
würdig führen müſſe; ein Paſtoral-Schreiben
des Hrn. D. Knolz an die ihm untergebene Geiſt-
lichkeit. — Von dem Siege über die Sinnlichkeit, als einem ſehr glänzenden Ruhme für Be-
kenner, beſonders für alle Diener des Evangelii; eine Predigt, bey einer gewiſſen Gelegenheit
gehalten. — Gründlicher Beweis, daß es einem Prediger nicht unanſtändig ſey, zweyerley
Religionen, eine zu Hauſe, und die andere auf
der Kanzel, zu haben, dem Hrn. D. S ... zugeeignet. — Item, Beweis, daß man ohne
evangeliſche Texte doch ſehr evangeliſch predigen könne, mit einer Stelle aus dem Leben Sokrates erläutert. — Erbauliche Betrachtung
der Worte: Wer unter euch ohne Sünde iſt,
der werfe den erſten Stein auf ſie; eine Predigt, ebenfalls auf eine beſondere Veranlaſ-
ſung gehalten. — Unterſuchung der Frage:
Ob es wahr ſey, daß der Teufel die Geiſtlichen
mehr, als andere Leute anfechte? Eine Piece
von zwey Bogen, die er in eine gewiſſe Mo-
natsſchrift hat einrücken, und nachher beſonders

ders hat abdrucken laſſen. — Chriſtliche
Troſtgründe für mich und meine leidenden
Brüder, ihnen und mir zur Beherzigung vorge-
ſtellt von D. Ernſt Leberecht Knolz; mit einer
weitläuftigen Vorrede, worinne der Herr Dok-
tor zu verſtehen giebt, daß ihn Gott ſeit einigen Jahren mit Leichtdornen und Hüneraugen
ſehr empfindlich heimgeſucht habe. — Endlich
ſoll er auch der Verfaſſer der anonymiſchen
Schrift ſeyn: Die weislich abgeſchafte Kir-
chen-Buße, ein Glück für die Welt, und eine
Ehre für unſer Jahrhundert. —

371.

Wer, um einiger Aehnlichkeiten willen, dieſe
Charaktere blos auf ſich und ſeine Bekannten
zieht, der verſteht ſie eben ſo wenig, als der,
welcher ſie, gewiſſer unanwendbarer Umſtände
wegen, weder auf ſich, noch auf Andere paſ-
ſend findet.

372.

Es giebt Leute, für welche es eine angenehme Beſchäftigung iſt, nach den lächerlichen Ori-
ginalen ſatiriſcher Schilderungen zu forſchen.
Dieſe will ich hiermit gehorſamſt gebeten haben,
entweder ſich, in Anſehung gegenwärtiger Cha-

Q 2   rakte-

raktere, eine so boshafte, als fruchtlose Mühe
zu ersparen, oder lediglich zu ihren eigenen ko-
mischen Urbildern die schicklichsten Gemählde
darinnen aufzusuchen.

Gedan=

Gedanken

eines Angefochtenen,

oder

(nach der Sprache der Welt,)

eines

Milzsüchtigen.

––––––––––

Κύριε,
Πρόσθες ἡμῖν πίϛιν. Luc. 17. 5.

Ein Wort zum Vorberichte.

Nachstehende Gedanken eines meiner Freunde, die ich, auf sein Ersuchen, den meinigen hiermit habe beyfügen wollen, erwarten die liebreichen Gegenerinnerungen eines frommen und gelehrten Beurtheilers. Schwerlich aber werden sich diejenigen Herren, welche den Inhalt derselben mit gar zu orthodoxen oder zu heterrodoxen Augen ansehen, in die Lage des Verfassers hinein denken können, und daher, meines Erachtens, am besten thun, wenn sie sich mit keiner Kritik über seine Zweifel befassen, sondern hier lieber zu lesen aufhören.

x. Es

Es giebt Unglückliche, die es ihr ganzes Leben hindurch sind, Menschen, die zu lauter Widerwärtigkeiten geboren zu seyn scheinen. Sie mögen bey ihren Geschäften mit noch so vieler Vorsicht zu Werke gehen, sie mögen noch so viel Klugheit anwenden, sich in eine vortheilhaftere Lage zu versetzen; plötzliche, kaum denkbare Zwischenfälle, Hindernisse, die man beynahe für ausdrücklich hierzu geschaffen halten möchte, vereiteln den ganzen, sowohl durchdachten Plan, ihrer Anschläge.

2.

Ich habe, sagt Kleon, wenig Gutes in der Welt genossen. Ich weis nicht, wie es denen zu Muthe ist, die sich von ganzem Herzen freuen. Die Freude, die ich je zuweilen gekostet habe, verdiente sie anders den Namen der Freude, ist doch jederzeit mit Galle und Wermuth vermischt gewesen. Ich will nicht sagen, als ob ich mich von der Vorsehung ganz verlassen zu seyn glaubte.

glaubte. Nein! sie hat wirklich auf mich Acht, und trägt für meine Erhaltung Sorge. Ich würde wider die Erfahrung reden, wenn ich dieses nicht zugestehen wollte. Indessen scheinet es doch, als ob mich dieselbe blos darum zu erhalten suchte, um mich stets neue und noch nie gefühlte Leiden empfinden zu lassen.

3.

Es giebt Bedürfnisse, die durch die Gewohnheit so unentbehrlich geworden sind, als der Genuß des täglichen Brodtes. — Die frühern Weltbewohner kleideten sich in Felle, aßen Kräuter, lebten in Hütten, und befanden sich wohl; denn sie waren rauh erzogen, und wußten es nicht besser. — Wir, ihre spätern Nachkommen, hingegen, müssen, wenn wir uns wohl befinden sollen, sorgfältiger bekleidet gehen, verdaulichere Speisen essen, und in ordentlichen Häusern wohnen; denn wir sind zärtlich erzogen, und von Jugend auf einmal an etwas beßres gewöhnt. — Folglich ist es heut zu Tage ein wahres menschliches Bedürfniß geworden, leichte und nahrhafte Speisen zu geniessen, sich mit bequemen Kleidern zu decken, und in ordentlichen Häusern zu wohnen. Wer hieran Mangel leidet, ist elend.

4. Ich

4.

Ich gebe es zu, Eumolp! der Luxus erzeuget unzählige Bedürfnisse, welche die einfältige und genügsame Natur weder hervorbringt, noch zu befriedigen sucht. Allein so wahr und ausgemacht dieses ist, so gewiß und unleugbar ist es auch, daß nicht der Luxus, der eben so zufällig, als veränderlich und schädlich ist, sonder die schon durch die Erziehung zur andern Natur gewordene, und, nach Verschiedenheit der Orte und der Stände, sehr mannigfaltige Gewohnheit eine Menge Dinge nothwendig mache, die größtentheils an sich ganz unschuldig sind, und die uns, wenn wir sie entbehren müssen, der Verachtung der Welt, und tausend andern Unannehmlichkeiten offenbar bloßstellen.

5.

Theophil unternimmt alles; es glückt ihm auch alles. Er sammlet Reichthümer ohne Mühe; er gelangt zu Ehrenstellen ohne Schwierigkeit. Sein Freund Arist, der zehnmal mehr Verstand besitzt, als er, kann sich mit aller Mühe, die er sich giebt, kaum seinen täglichen Unterhalt erwerben, und beschließt zuletzt sein Leben halb in Verzweiflung. Sage nicht, daß dies Schicksale, oder nothwendige Folgen derjenigen Einrichtung sind, die Gott,

Q 5

im

im Betreff unsers Wesens, von Ewigkeit
her gemacht und festgesetzt hat. Haft du
hierinne Recht, Sophron! so beklage ich
jeden unglücklichen Arist, der sein hartes Schicksal, sein höchstwidriges Verhengniß weder hin-
wegbeten, noch hinwegarbeiten kann.

6.

Wäre ich zu einer andern Zeit. und unter
andern Umständen geboren worden, seufzet
Kleant, hätte ich diese, oder jene Natur-
gabe empfangen, deren Mangel mir an meiner
zeitlichen Wohlfarth so oft hinderlich gewesen
ist, hätte mich der Schöpfer in vortheilhaftere
Verbindungen gesetzt, oder mir mächtige Freunde
und Gönner verliehen, was gilts, Kraßus!
ich wäre ein so glücklicher Mann, als du, der
mir, ohne Eitelkeit zu reden, weder an Verstande, noch an Wissenschaften, noch an guter
Aufführung und Lebensart beykömmt.

7.

Abraham und David waren Helden
des Glaubens. Ihr behauptet es; ich gebe es
zu. Allein so hart auch die Prüfungen seyn
mochten, durch welche sie in der Geduld und in
dem Vertrauen auf Gott geübt wurden, so waren diese heilige Männer dennoch von dem
Mangel leiblicher Bedürfnisse frey, von diesem
drücken-

drückenden Mangel, der die Seele, so lange sie an ihre fleischerne Hülle gebunden ist, am heftigsten bestürmet. Und fühlte auch der eine oder der andere wirklich einmal Anfälle eines solchen Mangels, so kömmt doch dieses mit dem, was ich schon so viele Jahre hindurch fühle, in keine Vergleichung.

8.

. Der Himmel hat seine Lieblinge, wie die Erde. Gott und seine sichtbaren Statthalter, die Fürsten, verfahren in der Erhebung und Erniedrigung ihrer Unterthanen meistentheils willkührlich. So wie der Töpfer den Thon, so behandeln sie die Menschen. Aus dem einen bilden sie ein Gefäß zu Ehren, aus dem andern ein Gefäß zu Unehren. Wer darf zu einem von ihnen sagen: Was machst du? —

9.

Die Größe der göttlichen Güte, und der von Ewigkeiten hergemachte Entwurf des Schöpfers, zufolge dessen er eine Welt hervorgebracht hat, worinnen es von Unglücklichen aller Art gleichsam wimmelt, die nicht selten der höchste Grad des Schmerzes zwingt, ihr eignes Daseyn zu verfluchen, stehen beyde, ich muß es aufrichtig bekennen, in einem höchstauffallenden Kontraste.

10. Man

10.

Man sage, was man wolle, von der Nütz-
lichkeit irdischer Trübsale, sind sie so heftig und
anhaltend, wie die meinigen, und keine natürlichen Folgen stürmischer Leidenschaften, so
haben sie den offenbaren Nachtheil, daß man
darüber anfängt, an der Liebe und Barmher-
zigkeit Gottes zu zweifeln.

11.

Soll ich dir, Allmächtiger! für meine Er-
schaffung danken, o so würdige mich, gleich andern, die es nicht besser verdienen, ein Gegenstand deiner beglückenden Güte zu seyn. Laß
michs empfinden, daß Liebe der Bewegungsgrund war, warum du mich ins Daseyn riefst,
oder verseze mich wieder in den ruhigen Staub,
woraus du mich gezogen hast.

12.

Was würde man von der Liebe eines Vaters denken, der eines seiner Kinder unaufhörlich stäupete, während dem, daß er die andern,
zum Theil schlechter gearteten, mit Wohlthaten
überschüttete? — Ich finde, die Wahrheit zu
sagen, in einer solchen Liebe sehr viel räthselhaf-
tes, zumal wenn ich mir dabey den Umstand
hinzudenke, daß der Sohn solcher Unarten wegen gestäupet wird, die aus Grundtrieben

her-

herrühren, welche der Vater in seine Natur ge-
legt hat, oder die er doch, wenn er gewollt hätte,
zuerst anders hätte bestimmen können.

13.

Wüste ich nur nicht das schreckliche Beyspiel
eines Esaus, der schon vor seiner Geburt von Gott gehasset wurde, und der nach
seinem unglücklichen Falle keinen Raum zur
Busse fand, wiewohl er sie mit Thränen
suchte, so hätte ich zur allgemeinen Liebe Gottes
mehr Vertrauen, und mein Herz wäre ruhiger.
Umsonst, ihr scharfsinnigen Schriftausleger! ist
die Mühe, die ihr euch gebet, dieser und anderer solcher Stellen, einen mildern Sinn beyzu-
legen. Ich habe alle eure Arten, sie zu erklären, sorgfältig geprüft. Soll ich euch meine
Meynung aufrichtig davon sagen? — Sie sind
mir alle sehr gezwungen vorgekommen. Ich
habe sie unzureichend befunden.

14.

Die meisten Vertheidiger des göttlichen
Verhaltens gegen die Unglücklichen sind, wie
die Freunde Hiobs, leidige Tröster und thörichte
Vernünftler, oder auch verdächtige Sachwalter
desjenigen, der sie vor Andern glücklich gemacht
hat, und der sie durch Versetzung in die gegen-

R   seitige

feitige Lage gar bald, eine andere Sprache anzunehmen, bewegen könnte.

15.

O ihr, deren Amt es ist, die Unglücklichen
zu tröſten! brauchet ſtärkere Bewegungsgründe,
mich zu beruhigen, oder höret auf, mir mit den
gewöhnlichen beſchwerlich zu fallen. Vergebens
ſaget ihr mir, daß die Leiden, die mich treffen,
zu meinem Beſten dienen, daß das Glück mir
vielleicht ſchädlich ſeyn könne, daß mir Gott
blos darum ſo viel Kreuz zuſchicke, weil er die
Abſicht habe, mich dadurch zu beſſern, und von
der Welt abzuziehen. Ich zweifle, ob dieſes
wahr ſey. Auch könnet ihr es mit nichts andern beweiſen, als weil es einmal ſo iſt. Ich
will indeſſen annehmen, daß ihr Recht hättet.
Ich will glauben, daß in menem gegenwärtigen Verhältniſſe Kreuz und Trüb-
ſale eine nothwendige Bedingung zu meinem
künftigen Glücke ſind. Allein ihr werdet mir
dagegen auch zugeſtehen müſſen, daß mich dieſelben, wenn ſie zu heftig ſind, leichter zur Verzweiflung, als zum Vertrauen, und folglich
mehr zum Unglücke als zum Glücke führen können, und daß, falls ſie zu meiner Beſſerung
und Glückſeligkeit ja nothwendig ſeyn ſollten,
der Grund von dieſer Nothwendigkeit doch nicht

in

in mir selbst liege. Oder stund es dem Schöpfer nicht frey, dem, was in mir denkt und will, gleich anfänglich eine solche Richtung zu geben, daß er in der Folge diese harten Mittel, mich zu beßern, und sich angenehm zu machen, nicht nöthig gehabt hätte? — Allerdings, erwiedert ihr, stund ihm dieses frey. Allein er befand es nicht für gut, dein Wesen anders einzurichten. Seine Weisheit — o schweigt hiervon, glückliche Redner! und erhebet die Weisheit Gottes nicht auf Kosten seiner Güte, der ihr unverdienter Weise so viele herrliche Vorzüge vor mir zu verdanken habt! —

16.

Du hast nicht nöthig, Euphem! mich so ernstlich zu ermahnen, den Schöpfer, statt irdischer Güter, um himmlische zu bitten. Ich habe schon, ohne dein Erinnern, diese in meinem Gebete jenen allezeit vorgezogen. Aber ich kann demungeachtet nicht leugnen, daß ich noch immer unter der drückenden Bürde der leiblichen Bedürfniße seufzen muß, die, so wenig sie auch mit den geistlichen verglichen werden können, doch von meinem gegenwärtigen Leben schlechterdings unzertrennbar sind. Ist es nun nicht schwer (ich frage dich!) von demjenigen, der mir jetzt in der Noth kaum einen Heller

ver-

verwilligen will, dereinſt unter andern Umſtän
den eine **Million** zu erwarten? —

17.

Wer ſollte nicht mit Recht vermuthen, daß
Gott, nach dem Verſöhnungstode ſeines Sohnes, weit gnädiger, herablaſſender und vertrau-
ter gegen die Menſchen ſeyn müßte, als er es
vor derſelben war, und gleichwohl lehret die
Erfahrung den leidenden Chriſten gerade das
Gegentheil.

18.

Wenn man die gnädige und, ſo zu ſagen,
perſönliche Herablaſſung Gottes erwägt, wovon die Schriften des A. und N. Teſtaments ſo
viele Beyſpiele enthalten, und von welcher die
Geſchichtbücher der ſpätern Jahrhunderte nicht
eines einzigen gedenken, ſo ſollte man beynahe
auf die Gedanken kommen, als wenn ſich Gott
ſeit jenen glücklichen Zeiten in ſich ſelbſt gleich-
ſam zurückgezogen und von den Menſchen ent-
fernet hätte.

19.

Die Schrift rühmet den Glauben Abrahams,
und ich laſſe demſelben alle Gerechtigkeit wiederfahren. Allein ich halte doch dafür, daß
der Glaube der Chriſten ein noch weit größres
Lob verdiene. Abraham ſahe Gott ſelbſt unter

einer

einer ſichtbaren Geſtalt, und redete mit ihm,
wie ein Freund mit ſeinem Freunde. Die Chriſten hingegen müſſen ſich in den wichtigſten
Glaubenslehren, die ſie bekennen, blos auf die
Zeugniſſe Anderer verlaſſen.

20.

Wenn es wahr iſt, daß die perſönliche Gegenwart eines Freundes, oder eine mündliche
Unterredung mit demſelben beſſer iſt, als zehen
Briefe, ſo muß es nicht weniger wahr ſeyn,
daß der nähere und vertrautere Umgang, welchen die Erzväter mit Gott hatten, dem ge-
ſchriebenen Worte deſſelben, worinnen er auf
eine entferntere Weiſe mit den Chriſten redet,
weit vorzuziehen iſt.

21.

O wie mancher wäre vielleicht gerettet worden, wenn Gott andere Wege mit ihm hätte einſchlagen wollen! — Wären die Zeichen, die
Chriſtus vor den Einwohnern Jeruſalems that,
vor denen zu Sodom geſchehen, letztere würden, wie der Erlöſer ſelbſt ſaget, im Staube
und in der Aſche Buße gethan haben.

22.

„Der oberſte unter den Apoſteln, der erſte
Pfeiler der chriſtlichen Kirche — ſollte mans
wohl glauben? — Petrus war ein ſtrafbarer

Pe-

Verleugner seines Herrn und Meisters; und
würde das schreckliche Schicksal des Verräthers
gehabt haben, wenn nicht Christus ausdrücklich
für ihn gebeten hätte. Welch ein überzeugen-
des Beyspiel, daß es bey Gott ganz willführ-
lich ist, den Glauben zu geben, oder nicht zu
geben, zur Buße zu erwecken, oder nicht zu erwecken, den Sünder zu begnadigen, oder zu
verwerfen, ihn zu retten, oder zu verdam-
men! — Selbst Judas hätte gerettet werden
können, wenn Christus für ihn, so wie für
Petrum, hätte bitten wollen. Er that es
aber darum nicht, damit, wie er selbst sagt,
die Schrift, die von einem solchen Verbrecher
einmal geweissagt hatte, erfüllt werden möchte.

23.

Niemand schelte den Verräther einen ver-
stockten Bösewicht. Er war es in der That
nicht. Seine Hauptleidenschaft war die Begierde nach Reichthum, oder der Geiz Man
sehe an seinem Beyspiele, wie weit derselbe den
Menschen führen könne. Daß er übrigens, so
bald nach seinem Verbrechen den Lohn für
selbiges in den Tempel warf, daß er sich vor
Unruhe darüber nicht zu lassen wußte, daß er
sogar hingieng und sich selbst erhenkte, alles
dieses giebt offenbar zu erkennen, wie schnell,
wie

wie gewaltig es ihn reuete, sich so an Gott ver-
sündigt zu haben. — Nur ein einziger Stral
von Hoffnung, von Begnadigung — und der
itzt zur Hölle Verdammte war gerettet.

24.

Abraham muß den göttlichen Befehl, seinen
Sohn zu opfern, entweder für gut oder für böse
gehalten haben. Hat er ihn für gut gehalten,
so dachte er als ein schlechter Gottesgelehrter.
Hat er ihn aber für böse angesehen, so handelte
er wider sein Gewissen, da er denselben vollziehen wollte. Mich dünkt, er untersuchte das
Moralische dieses Befehls gar nicht, sondern
verfuhr hierbey aus bloser Einfalt des Glaubens, gehorchte blindlings, und überließ im
Uebrigen die Sache Gott.

25.

Man muß, sagt man, die göttliche Vorher-
sehung keineswegs mit der göttlichen Vorher-
bestimmung verwechseln. — Nun wohl! man
trenne sie also beyde in Gedanken, wenn man
will. Indessen glaube ich doch, daß sie wirklich auf das genaueste mit einander verbunden
sind, und daß die erstere aus der letztern gewissermaaßen folget. Wer mir dieses nicht einräu-
men will, der gewinnet nichts, wenn er auch
das Gegentheil behauptet. Denn die Redens-
arten:

arten: „Gott ſähe voraus, was er vorher beſtimmt hatte, und: Gott beſtimmte zuvor, was er vorherſahe," laufen im Grunde auf eins hinaus. Ja! wenn der Vorherſeher und der Vorherbeſtimmer nicht einerley Perſonen wären! — Allein, da es eine und eben dieſelbe iſt, ſo kann Gott ohnmöglich etwas vorherſehen, was er nicht ſelbſt freywillig vorherbeſtimmte, oder wovon er ſich nicht bewuſt wäre, daß er es, wenn er wollte, auf eine andere Art einrichten könnte.

Verbeſſerungen.

Seite 73. ſtatt Dogmatiſen lies Dogmatiſm. S. 97. No. 164. ſt. ungläubigen l. abergläubiſchen. S. 156. No. 251. ſt. Trotzwitz l. Strohwitz, und ſtatt ſtrotzwitzelt l. ſtrohwitzelt. S. 176. No. 271. Z. 12. ſt. Geſellſchaften l. Geſellſchaftern. S. 207. Z. 1. ſt. erhielt l. behielt. S. 217. Z. 10. ſt. unberuhiget l. unbeunruhiget. S. 224. No. 348. Z. 3. ſt. werden l. würden.